Emma Achtfelsen

Wer sitzt, verliert!

99 Bewegungsspiele für einen **aktiven** Deutschunterricht

Verlag an der Ruhr

Impressum

Titel

Wer sitzt, verliert!

99 Bewegungsspiele für einen aktiven Deutschunterricht

Autorin

Emma Achtfelsen

Titelbildmotive

© Rudie – Fotolia.com (Strichmännchen)

© abstract – Fotolia.com (Stift-Buchstaben)

Verlag an der Ruhr
Mülheim an der Ruhr
www.verlagruhr.de

Geeignet für die Klassen 5–10

ISBN 978-3-8346-3236-4

Printed in Germany

Ihre Schüler* kommen aufgekratzt aus der Klassenarbeit und an einen geordneten Stundeneinstieg ist gar nicht zu denken? Sie haben noch 10 Minuten am Ende einer besonders arbeitsintensiven Deutschstunde übrig? Sicher kennen auch Sie solche Situationen, in denen Sie **Lücken füllen** oder Ihre **Schüler auspowern** möchten. Damit Sie das ohne große Anstrengung tun können, finden Sie in diesem Buch 99 Spielideen, mit denen Sie Ihre **Schüler in Bewegung bringen** können.

Die Spiele sind nach Zeitaufwand (kurze Spiele von fünf bis zehn Minuten Dauer und ausführliche von zehn bis 20 Minuten Dauer) und Ort (Klassenraum oder Schulhof) gegliedert, sodass Sie je nach Bedarf schnell das Passende finden.
Darüber hinaus sind die Spiele den wichtigsten **Kompetenzbereichen** des Deutschunterrichts zugeordnet:

- Sprechen und Zuhören
- Schreiben
- Lesen – Umgang mit Texten
- Reflexion über Sprache
- Methoden

Jedes Spiel stellt eine **ausgearbeitete Idee** dar, die Sie 1:1 in den Unterricht übernehmen können. Oft finden Sie auch Hinweise auf **Variationen** zur Abwandlung der Spiele und zur Anpassung an Ihre Lerngruppe.
Auf Altersangaben zu den Spielen wurde bewusst verzichtet, da Spiele in **jeder Schulstufe** eingesetzt werden können und es mehr von der Begeisterungsfähigkeit der Schüler als vom Alter abhängt, ob ein Spiel im Unterricht „funktioniert" oder nicht.

Auch wenn mit den Spielen bestimmte Kompetenzen gefördert werden können und sie bestimmte Bereiche des Deutschunterrichts abdecken, stehen **Abwechslung, Auflockerung** des starren Unterrichts und **Freude an der Bewegung** im Vordergrund. Hinzu kommen die Freude am Wettbewerb und an der Teamarbeit. Somit ist klar, dass mit diesen Spielen „im Vorbeigehen" auch **soziale Kompetenzen** gefördert werden.
Gönnen Sie sich und den Schülern so hin und wieder eine **spielerische Auszeit!**

---

* Aus Gründen der besseren Lesbarkeit haben wir in diesem Buch durchgehend die männliche Form verwendet. Natürlich sind damit auch immer Frauen und Mädchen gemeint, also Lehrerinnen, Schülerinnen etc.

Kurze Spiele für den Klassenraum

Abstimmung mit den Füßen

Kompetenzbereich: Lesen – Umgang mit Texten

Ziel: Meinung zu einem Thema abfragen

Material: drei DIN-A4-Blätter

Aufwand: gering

Schwierigkeitsstufe: leicht

Vorbereitung

Bereiten Sie drei Blätter vor, auf denen steht „Stimme zu", „Stimme nicht zu", „Unentschieden/Keine Meinung". Hängen Sie die drei Blätter an drei unterschiedliche Wände des Klassenzimmers. Bereiten Sie Aussagen zur aktuellen Lektüre vor.

Durchführung

Lassen Sie die Schüler in der Klasse herumgehen. Nennen Sie eine Aussage zur Lektüre, z. B. „Pünktchen hat sich nachts aus Geldnot auf der Brücke aufgehalten." Nun müssen die Schüler so schnell wie möglich zu dem Blatt gehen, das ihrer Meinung entspricht. Diejenigen, die als letzte an der Stelle ankommen, müssen ihre jeweilige Wahl begründen. Danach gehen die Schüler wieder im Raum herum und die nächste Aussage kann vorgelesen werden.

Variation

Diese Stimmungsabfrage kann auch mit anderen Themen als zur Lektüre durchgeführt werden.

Alphabet frei aufsagen

Kompetenzbereich: Sprechen und Zuhören

Ziele: Konzentration und Miteinander fördern

Material: Handy/Stoppuhr

Aufwand: gering

Schwierigkeitsstufe: schwer

Vorbereitung

Die Schüler setzen sich in einen Stuhlkreis.

Durchführung

Erklären Sie den Schülern, dass sie gemeinsam das Alphabet aufsagen sollen, so weit, wie sie in der Klasse kommen (bei 26 Schülern ist das das gesamte Alphabet, bei 25 Mitspielern geht es bis y, bei 24 bis x usw. – sind mehr Schüler in der Klasse, können Umlaute und ß mit hinzugenommen werden oder man fängt wieder von vorn an). Nach dem Startzeichen muss jeder einen Buchstaben nennen und dazu aufstehen. Dies muss geschehen, ohne dass die Schüler sich dabei absprechen oder Zeichen geben. Stehen zwei Mitspieler gleichzeitig auf, beginnt das Spiel von vorn. Dasselbe passiert, wenn nach 30 Sekunden kein neuer Buchstabe oder ein falscher Buchstabe genannt wird.

Tipp

Zu Anfang kann es sein, dass sich keiner traut, aufzustehen. Warten Sie zunächst einfach in Ruhe ab: Wenn die Pause zu lang wird, „erbarmt" sich meist der Erste, dann der Zweite und dann geht es auch schneller weiter, sodass eben eventuell auch zwei Leute gleichzeitig aufstehen, um den nächsten Buchstaben zu nennen.

Alphabet-Sprung

Kurze Spiele für den Klassenraum

Kompetenzbereich: Reflexion über Sprache

Ziele: Vokale und Konsonanten unterscheiden, Konzentration fördern

Material: –

Aufwand: gering

Schwierigkeitsstufe: leicht

Vorbereitung

Die Schüler stellen sich im Kreis auf.

Durchführung

Die Schüler sagen im Kreis das Alphabet auf. Wenn sie zu einem Vokal kommen, machen sie dabei einen Sprung in die Mitte des Kreises und treten danach wieder in den Kreis zurück. Das Tempo wird dabei immer weiter erhöht. Macht ein Mitspieler einen Fehler, scheidet er aus und das Alphabet-Sprechen beginnt von vorn.

Variation

Es können nach und nach weitere Buchstaben mit besonderen Bewegungen verbunden werden, z. B. alle Labiale mit einem Schritt nach hinten usw.

Kompetenzbereich: Schreiben

Ziele: Konzentration und Miteinander fördern

Material: ggf. Klebeband, Schnur o. Ä. zum Markieren des Kreises

Aufwand: gering

Schwierigkeitsstufe: leicht

Vorbereitung

Die Schüler stellen sich im Kreis auf.

Durchführung

Geben Sie ein zusammengesetztes Nomen (z. B. „Schranktür") vor. Der Schüler rechts von Ihnen muss nun mit dem zweiten Teil des Wortes ein neues Nomen bilden (z. B. „Türschloss"). Findet er keines oder dauert die Antwort zu lange, muss der Schüler eine „Strafrunde" um den Kreis außen herum bis wieder zu seinem Platz laufen. Er fängt dann mit einem neuen Wort an, das er nach rechts „weitergibt".

Variation

Findet ein Schüler keinen Begriff, muss er das mit einem lauten „Go!" bekannt geben. Er selbst läuft dann im Uhrzeigersinn um den Kreis herum, der Schüler, der ihm das Wort „aufgegeben" hat, läuft ihm in anderer Richtung entgegen. Derjenige, der zuerst am Ursprungsort ankommt, darf sich wieder in die Lücke stellen, der andere scheidet aus und muss sich setzen. Sieger sind die letzten vier Schüler im Kreis.

Tipp

Damit die Schüler auch bei wenigen übrig gebliebenen Teilnehmern eine richtige Runde laufen, empfiehlt es sich, den Kreis mit Klebeband, einer Schnur o. Ä. zu markieren.

Kompetenzbereich: Methoden

Ziel: eine Methode erklären können

Material: leere Karteikarten und Stifte (jeweils so viele wie Schüler), ein DIN-A4-Blatt

Aufwand: gering

Schwierigkeitsstufe: leicht

Vorbereitung

Schreiben Sie die Methode, die erklärt werden soll, auf ein DIN-A4-Blatt. Die Methode muss natürlich vorher im Unterricht schon mehr oder weniger ausführlich behandelt worden sein.
Die Schüler sitzen im Stuhlkreis. Jeder bekommt eine Karteikarte und einen Stift.

Durchführung

Legen Sie das Blatt mit der Methode, z. B. „Mindmap", in die Mitte des Kreises. Jeder Schüler kann nun ein Stichwort dazu auf seiner Karteikarte notieren, z. B. „Seitenarm". Er geht dann in die Mitte, legt seine Karte ab und erklärt, was es damit auf sich hat. Das geht so lange, bis jeder seine Karte abgelegt hat.
Dann geht das Ganze noch einmal rückwärts vor sich: Jeder Mitspieler geht in die Mitte, holt sich eine Karte (nicht seine eigene) und erklärt wieder, was es mit dem Stichwort auf der Karte auf sich hat, bis alle Karten wieder aufgenommen wurden.

Kompetenzbereich: Sprechen und Zuhören

Ziel: genaues Beschreiben üben

Material: –

Aufwand: gering

Schwierigkeitsstufe: schwer

Vorbereitung

Die Schüler finden sich in Dreiergruppen zusammen. Jede Gruppe benötigt so viel Platz, dass zwei Schüler sich gleichzeitig positionieren können – gegebenenfalls muss der Klassenraum entsprechend vorbereitet werden.

Durchführung

Ein Schüler in der Gruppe schließt seine Augen. Ein zweiter nimmt nun die Position einer Skulptur ein, so außergewöhnlich, wie er es sich vorstellen kann. Der dritte Spieler beschreibt dem „Blinden" nun die Skulptur und dieser versucht, sie möglichst genau zu imitieren, ohne dabei die Augen zu öffnen. Ist der „Bildhauer" (also derjenige, der die Skulptur beschrieben hat) der Meinung, dass er nicht genauer beschreiben kann, darf die „Imitation" die Augen öffnen und schauen, wie das Original aussieht und inwieweit sie es geschafft hat, diesem nahe zu kommen. Die Übung wird dreimal wiederholt, damit jeder einmal jede Rolle spielen kann.

Variation

Noch schwieriger ist die Übung, wenn man den „Bildhauer" weglässt: Die „Imitation" muss mit geschlossenen Augen das „Original" abtasten und dann versuchen, sich so wie sie aufzustellen. Das setzt natürlich voraus, dass sich die Partner gut verstehen und nichts gegen die Berührung einzuwenden haben.

Buchstabenketten

Kompetenzbereich: Schreiben

Ziele: Wortschatzarbeit, Wörter bilden

Material: Tafel, Kreide

Aufwand: gering

Schwierigkeitsstufe: mittel

Vorbereitung

Alle Schüler stellen sich an ihrem Platz hin.

Durchführung

Geben Sie einen Buchstaben vor (z. B. „a“), den Sie an die Tafel schreiben. Der Schüler rechts von Ihnen fügt nun zügig einen zweiten hinzu (z. B. „l“), der nächste einen dritten (z. B. „l“) usw. (die Zeit zum Nachdenken darf nur so lange betragen, wie der Gang zur Tafel dauert). Jeder Schüler, der an der Reihe ist, muss sich ein Wort dazu überlegen, das mit den vorhandenen Buchstaben gebildet werden kann (z. B. „allgemein“). Glaubt ein Schüler, der an der Reihe ist, dass es kein Wort mit den bisher aufgeschriebenen Buchstaben gibt, bittet er den letzten Schüler, sein gedachtes Wort zu nennen. Kann dieser das, so scheidet der zweifelnde Mitspieler aus. Kann der Gefragte kein Wort nennen, hat er also „geblufft“, scheidet er aus und setzt sich hin. Der Schüler, der gefragt hat, beginnt mit einem neuen Buchstaben. Gewonnen hat der Spieler, der als letzter übrig bleibt.

Variation

Das Spiel kann auch mit zwei Mannschaften gespielt werden, die gegeneinander antreten; dazu müssen abwechselnd aus jedem Team die Schüler immer einen Buchstaben ergänzen.

Fahrradschlauch füllen

Kompetenzbereich: Lesen – Umgang mit Texten

Ziel: Wissen über Lektüre vertiefen

Material: zwei Fahrradschläuche

Aufwand: gering

Schwierigkeitsstufe: leicht

Vorbereitung

Die Schüler bilden zwei Gruppen.

Durchführung

Jede Gruppe stellt sich in einer Reihe auf. Beide bekommen einen Fahrradschlauch. Der erste Schüler der ersten Gruppe stellt der zweiten Gruppe eine Frage zur aktuellen Lektüre, z. B. „Wie heißt der beste Freund von Krabat?" Kann jemand aus der zweiten Gruppe richtig antworten, darf er sich in den Fahrradschlauch stellen. Dann ist die andere Gruppe mit Fragen dran. Antworten darf nur derjenige, der noch nicht innerhalb des Schlauchs steht. Nach und nach wechseln so alle Schüler in den Schlauch. (Es ist erstaunlich, wie dehnbar so ein Schlauch ist!) Die Gruppe, die schließlich komplett vom Schlauch umschlossen wird, hat gewonnen.

Fall-Sprung

Kompetenzbereich: Reflexion über Sprache

Ziele: Grammatik üben, Fälle wiederholen

Material: –

Aufwand: mittel

Schwierigkeitsstufe: mittel

Vorbereitung

Bereiten Sie Sätze vor, in denen möglichst immer alle vier Fälle vorkommen, z. B. „Der Lehrer gibt seiner Schülerin das Buch des Freundes."

Durchführung

Die Schüler zählen bis vier durch. Dann werden die Gruppen gebildet:

- Alle 1er sind Nominativ.
- Alle 2er sind Genitiv.
- Alle 3er sind Dativ.
- Alle 4er sind Akkusativ.

Lesen Sie nun die Sätze langsam vor. Sobald das jeweilige Wort in einem bestimmten Fall in dem Satz genannt wird, müssen die entsprechenden Schüler schnell aufspringen. In dem Beispiel bei „Der Lehrer" alle 1er, bei „seiner Schülerin" alle 3er usw. Das gibt eine schöne Choreografie!

Kompetenzbereich: Methoden

Ziel: Meinung über ein Thema einholen

Material: –

Aufwand: gering

Schwierigkeitsstufe: leicht

Vorbereitung

–

Durchführung

Zu jedem beliebigen Thema können die Schüler ein Fünf-Finger-Feedback geben: Der Schüler, der gerade an der Reihe ist, steht auf, zeigt nacheinander seine Finger und sagt dazu je einen Satz mit folgenden Anfängen:

- Daumen: „Daumen hoch für …"
- Zeigefinger: „Ich möchte darauf hinweisen …"
- Mittelfinger: „Im Mittelpunkt stand für mich …"
- Ringfinger: „Mein persönliches Schmuckstück (Highlight) war …"
- Kleiner Finger: „Zu kurz gekommen ist für mich …"

Variationen

- Nacheinander stehen die Schüler auf, zeigen einen beliebigen Finger und sagen dazu den entsprechenden Satz.
- Die Reihenfolge der Kommentare soll immer dieselbe bleiben. Ein Schüler beginnt mit dem ersten Satz zum Daumen. Danach steht ein beliebiger Schüler auf, zeigt den Zeigefinger und sagt einen entsprechenden Satz. Dann folgt ein dritter Schüler mit einem Satz zum Mittelfinger usw. Ziel ist es, dass schnell aufeinander reagiert wird. Entsteht eine Pause oder stehen zwei Schüler gleichzeitig auf, beginnt das Spiel wieder von vorn.

Gegensatz-Fußball

Kurze Spiele für den Klassenraum

Kompetenzbereich: Schreiben

Ziele: Wortschatzarbeit, Antonyme finden

Material: Tennisball o. Ä.

Aufwand: gering

Schwierigkeitsstufe: leicht

Vorbereitung

Die Schüler setzen sich in einen Stuhlkreis.

Durchführung

Sie eröffnen das Spiel, indem Sie den Tennisball im Sitzen zu einem anderen Mitspieler rollen und dazu ein Nomen (z. B. „Hochhaus"), ein Verb (z. B. „rennen") oder ein Adjektiv (z. B. „leise") nennen. Der angespielte Spieler muss den Ball mit dem Fuß stoppen und ein gegenteiliges Wort zum genannten Begriff („Hundehütte", „schleichen", „laut") nennen. Dann darf er das nächste Wort vorgeben und den Ball weiterspielen. Kann er keinen Gegensatz nennen, muss er den Ball einmal durch die Klasse dribbeln und gibt ihn dann an den nächsten weiter, der ein gegenteiliges Wort nennen muss.

Tipp

Wenn möglich, sollte man das Spiel auf Socken spielen, so kann man den Tennisball besser unter Kontrolle halten.

Kompetenzbereich: Schreiben

Ziele: Wortschatzarbeit, Synonyme und verwandte Wörter finden

Material: –

Aufwand: gering

Schwierigkeitsstufe: leicht

Vorbereitung

Die Schüler stellen sich im Kreis auf.

Durchführung

Ein Schüler beginnt und nennt einen anderen Ausdruck für das Verb „gehen“, z. B. „hüpfen“, „latschen“, „schleichen“ … Der Mitspieler rechts von ihm muss sich nun auf diese Weise einmal um den Schülerkreis herumbewegen. Ist er wieder an seinem Platz angekommen, darf er das nächste Verb nennen.

Variationen

- Es können auch die Schüler rechts und links vom Ansager die Bewegung machen: Einer setzt sich dann mit dem Uhrzeigersinn in Bewegung, der andere entgegengesetzt. Die übrigen Mitspieler können dann bewerten, welcher „Gang“ besser zum genannten Verb passt.
- Das Spiel kann auch mit anderen Verben gespielt werden, die man im Gehen darstellen kann, etwa „lachen“, „grinsen“, „lächeln“, „losprusten“ …

Ich – du – er/sie/es

Kurze Spiele für den Klassenraum

Kompetenzbereich: Sprechen und Zuhören/Reflexion über Sprache

Ziele: Konzentrationstraining, Personalpronomen wiederholen

Material: –

Aufwand: gering

Schwierigkeitsstufe: schwer

Vorbereitung

Die Schüler stellen sich im Kreis auf. Die folgenden Bewegungen werden vorgestellt:

- „ich“: mit der rechten oder linken Hand auf die Brust zeigen
- „du“: mit dem rechten Daumen nach rechts oder mit dem linken Daumen nach links auf den Nachbarn zeigen
- „er“ oder „sie“: auf einen beliebigen Mitspieler zeigen

Durchführung

Der erste Schüler beginnt, indem er „ich“ sagt und dabei eine der abgesprochenen Gesten macht. Zeigt er mit der rechten Hand auf sich, ist nun der rechte Nachbar dran; nimmt er die linke Hand, muss der linke Nachbar weitermachen. Dieser sagt nun „du“ und zeigt mit dem rechten Daumen nach rechts oder dem linken Daumen nach links. Der, auf den gezeigt wird, ist nun als Dritter an der Reihe. Dieser sagt „er“ oder „sie“ und deutet auf eine beliebige Person im Kreis. Diese fängt wieder mit „ich“ an usw. Nach einigen Serien sollte ein guter Rhythmus entstehen.

Variation

Eine zweite Runde kann dann mit „wir – ihr – sie“ gespielt werden, eine dritte mit beiden Dreierserien im Wechsel.

Ich finde Adjektive schön ...

Kompetenzbereich: Reflexion über Sprache

Ziel: Steigerungsformen üben

Material: Ball

Aufwand: gering

Schwierigkeitsstufe: leicht

Vorbereitung

Die Schüler stellen sich im Kreis auf.

Durchführung

Der Spielleiter, in der Regel der Lehrer, beginnt und wirft einem Mitspieler einen Ball zu. Derjenige, der den Ball fängt, sagt einen Satz, in dem ein Adjektiv vorkommt, das sich steigern lässt, z. B. „Ich finde mein neues Fahrrad schön." Dann reicht er den Ball an seinen rechten Nachbarn. Der muss einen zweiten Satz sagen, in dem das Adjektiv als Komparativ vorkommt, z. B. „Ich finde das Pony meiner Freundin schöner." Dann gibt er den Ball zurück und der Fänger reicht ihn an seinen linken Nachbarn weiter, der einen Satz mit Superlativ anführen muss, z. B. „Ich finde das Boot von meinem Onkel am schönsten". Dann gibt auch er den Ball zurück. Der Fänger darf nun den Ball zum Nächsten werfen, der dann mit einem neuen Satz beginnt.

Variation

Das Spiel kann man auch umgekehrt spielen: Der Fänger fängt mit einem Superlativ an und die beiden rechts und links von ihm nennen Sätze mit Komparativ und Grundform.

Imperativ-König

Kurze Spiele für den Klassenraum

Kompetenzbereich: Reflexion über Sprache

Ziel: Imperativformen üben

Material: –

Aufwand: gering

Schwierigkeitsstufe: leicht

Vorbereitung

Alle Stühle werden im Raum verteilt. Zwei Stühle werden umgedreht, sodass man nicht auf ihnen sitzen kann.

Durchführung

Ein Schüler wird ausgelost, der sich als „König" an das Pult stellt. Die anderen Schüler gehen durch den Raum. Der Schüler am Pult benutzt nun Imperativ-Sätze, um den Gehenden zu befehlen, wie sie gehen sollen, z.B. „Hüpft auf einem Bein!", „Pfeift eine Melodie beim Gehen!", „Macht nach jedem dritten Schritt eine Pause!". Innerhalb von zehn Sätzen muss der König jedoch einmal den Satz sagen: „Sucht euch einen Platz!" Dann müssen sich alle Mitspieler einen Sitzplatz suchen. Derjenige, der übrig bleibt, wird der nächste König.

Tipp

Versuchen die Schüler, mit Absicht zu verlieren, um auch einmal König sein zu dürfen, kann man die Regeln etwas abändern:
Der Verlierer muss eine Runde aussetzen und der bisherige König darf den nächsten bestimmen.

Kompetenzbereich: Reflexion über Sprache

Ziele: Konzentrationstraining, Rechtschreibung üben

Material: Vorlage des Morsealphabets auf Folie oder für das Whiteboard, Zettel, Stifte

Aufwand: gering

Schwierigkeitsstufe: schwer

Vorbereitung

Kopieren Sie das Morsealphabet auf Folie und projizieren Sie es über den Overheadprojektor bzw. zeigen es auf dem Whiteboard. Die Schüler finden sich zu Paaren zusammen.

Durchführung

Ein Schüler jedes Paares setzt sich verkehrt herum auf seinen Stuhl, sodass er seinem Partner den Rücken zuwendet, aber noch freien Blick auf das Morsealphabet hat. Sein Partner setzt sich hinter ihn. Er denkt sich ein Wort aus und notiert es in Morsezeichen auf einem Zettel. Dann klopft er dieses Wort auf den Rücken seines Vordermannes. Dieser muss nun erraten, um welches Wort es sich handelt. Hat er es erkannt, werden die Rollen gewechselt.

Tipp

Begrenzen Sie zunächst die Anzahl der Buchstaben, die ein zu erratendes Wort aufweisen darf. Wenn die Schüler sicherer werden, können die Wörter auch länger werden. Und vielleicht schaffen ja einige Schüler sogar einen einfachen Satz.

Namensschlange

Kurze Spiele für den Klassenraum

Kompetenzbereich: Schreiben

Ziele: Wortschatzarbeit, Wörter mit bestimmten Anfangsbuchstaben bilden

Material: –

Aufwand: gering

Schwierigkeitsstufe: leicht

Vorbereitung

–

Durchführung

Die Schüler sollen sich in der alphabetischen Reihenfolge ihrer Vornamen aufstellen. Dazu geht der Erste an die Tafel, stellt sich vor und nennt ein Hobby o. Ä., das mit demselben Anfangsbuchstaben wie sein Vorname anfängt. Z. B. : „Ich heiße Aaron und angele gern." Dann stellt sich der Nächste daneben, wiederholt die erste Angabe und fügt seine dazu, z. B. „Du heißt Aaron und angelst gerne, ich heiße Celina und chille gern." Macht jemand einen Fehler, muss er eine „Strafrunde" durch die Klasse laufen, bevor der Nächste an die Reihe kommt. Das geht so weiter, bis sich alle Schüler vorgestellt haben.

Variation

Damit auch die Schüler mit dem Buchstaben A beansprucht werden, kann später die Reihe von Z an wieder aufgelöst werden: „Ich heiße Zara, gehe gerne in den Zoo und gehe nun nach Hause." Dann setzt sie sich wieder auf ihren Platz.

Kompetenzbereich: Reflexion über Sprache

Ziel: Fachbegriffe üben

Material: ggf. Overheadprojektor, Folie, Folienstift

Aufwand: gering

Schwierigkeitsstufe: schwer

Vorbereitung

–

Durchführung

Die Schüler setzen sich zu Paaren zusammen. Einer überlegt sich einen Fachbegriff aus der aktuellen Unterrichtsreihe. Er schreibt nun dieses Wort mit der Nase in die Luft. Sein Partner versucht, das Wort zu erraten. Hat er es herausbekommen, werden die Rollen getauscht.

Variationen

- Das Spiel wird in zwei Mannschaften gespielt. Ein Schüler steht vorn vor der Klasse und schreibt den Begriff, den er Ihnen vorher genannt hat, mit der Nase in die Luft. Alle Mitspieler raten, welcher Begriff wohl gemeint ist. Errät ein Mitspieler den Begriff, bekommt seine Gruppe einen Punkt.
- Statt den Begriff mit der Nase zu schreiben, kann er auch mit einem Stift im Mund auf eine Overheadfolie geschrieben werden.

Noah packt ein

Kompetenzbereich: Sprechen und Zuhören

Ziele: Wortschatzarbeit, Verben finden

Material: –

Aufwand: gering

Schwierigkeitsstufe: leicht

Vorbereitung

Die Schüler setzen sich in einem Stuhlkreis zusammen.

Durchführung

Das Spiel funktioniert ähnlich wie das bekannte „Kofferpacken". Der erste Schüler beginnt mit dem Satz „Noah besteigt seine Arche und nimmt zwei … mit." Er nennt dabei ein Tier, geht in die Mitte des Kreises und macht eine typische Bewegung des Tieres vor, z. B.: „… und nimmt zwei Frösche mit." Der Spieler hüpft wie ein Frosch in der Mitte des Kreises und geht wieder auf seinen Platz. Dann geht es im Uhrzeigersinn weiter: Der nächste Spieler wiederholt die Tiere und die Bewegung und fügt eine weitere hinzu, z. B.: „Noah besteigt seine Arche und nimmt zwei Frösche und zwei Kühe mit." Er hüpft in der Mitte des Kreises wie ein Frosch und kaut mehrfach auffällig mit dem Mund. Das geht weiter, bis ein Teilnehmer einen Fehler macht. Dann fängt der nächste Spieler wieder von vorn an.

Tipp

Wenn das Spiel als Wettbewerb durchgeführt werden soll, scheidet der Spieler, der einen Fehler macht, aus. Es gewinnt, wer am Schluss noch übrig bleibt.

Kompetenzbereich: Lesen – Umgang mit Texten

Ziel: Vertiefung der Lektüre

Material: Karteikarten mit Begriffen zur aktuellen Lektüre

Aufwand: mittel

Schwierigkeitsstufe: mittel

Vorbereitung

Erstellen Sie möglichst viele Karteikarten, auf denen Begriffe aus der aktuellen Lektüre, z.B. „Effi Briest" aufgeführt werden, z.B. „Ehebruch", „Schlittenfahrt", „Schaukel" usw. Achten Sie darauf, dass man die Begriffe darstellen kann. Die Schüler sitzen im Stuhlkreis.

Durchführung

Ein Spieler wird ausgelost, der mit dem Spiel beginnt. Er zieht eine Karte und beginnt, den vorgegebenen Begriff pantomimisch darzustellen. Die anderen Schüler versuchen nun, den Begriff zu erraten. Wer die richtige Lösung als Erstes in die Klasse ruft, darf den nächsten Begriff in der Mitte des Stuhlkreises vorführen.

Variationen

- Das Spiel kann auch als Wettbewerb in zwei Gruppen gespielt werden.
- Die Schüler überlegen sich selbst den Begriff, den sie pantomimisch vorstellen wollen. Sie sagen ihn dann dem Spielleiter, bevor sie mit der Darstellung beginnen.

Pantomimische Gegensätze

Kompetenzbereich: Schreiben

Ziele: Wortschatzarbeit, Antonyme finden

Material: ggf. Würfel

Aufwand: gering

Schwierigkeitsstufe: leicht

Vorbereitung

Die Schüler stellen sich im Kreis auf.

Durchführung

Ein Spieler fängt an, nennt ein Adjektiv und stellt dieses pantomimisch dar, z. B. sagt er „groß“ und streckt sich dazu, so hoch es geht. Alle anderen müssen nun pantomimisch das Gegenteil darstellen: „klein“, indem sich alle hinhocken und möglichst zusammenkauern. Danach geht es im Uhrzeigersinn weiter und der nächste Mitspieler nennt ein Adjektiv.

Variation

Das Spiel kann auch in Paaren gespielt werden: Der erste Spieler nennt das Adjektiv und stellt es dar. Dann wird gewürfelt und der Wert im Uhrzeigersinn weitergezählt. Derjenige muss dann das Gegenteil nennen, darstellen und den nächsten Begriff vorgeben.

Kompetenzbereich: Methoden

Ziel: Vertiefung des aktuellen Themas

Material: Klebezettel mit Begriffen

Aufwand: mittel

Schwierigkeitsstufe: mittel

Vorbereitung

Bereiten Sie Klebezettel vor, auf denen Sie Begriffe aus der aktuellen Unterrichtsreihe notiert haben. Immer zwei Zettel gehören zusammen, z. B. „Hänsel" und „Gretel", „Dornröschen" und „Spindel", „Froschkönig" und „goldene Kugel" usw.

Durchführung

Jeder Schüler bekommt von Ihnen einen Klebezettel auf den Rücken geklebt. Die Schüler gehen nun durch den Raum und befragen ihre Mitspieler, um herauszufinden, welchen Begriff sie darstellen. Dazu dürfen sie nur Fragen stellen, die mit „ja" oder „nein" beantwortet werden können. Einem Mitspieler dürfen dabei höchstens drei Fragen am Stück gestellt werden.
Hat ein Schüler erkannt, wer er ist, sucht er seinen Partner. Haben sie sich gefunden, bleiben sie zusammen stehen und warten, bis sich alle anderen Paare gefunden haben.

Kompetenzbereich: Reflexion über Sprache

Ziele: Grammatik üben, Personalpronomen wiederholen

Material: –

Aufwand: gering

Schwierigkeitsstufe: mittel

Vorbereitung

–

Durchführung

Die Schüler gehen in der Klasse umher. Sobald sie auf einen Partner stoßen, läuft ein Gespräch nach folgendem Muster ab:

- Der Erste zeigt auf sich und sagt: „Ich bin Luca und 1. Person Singular."
- Der Partner zeigt auf ihn und sagt: „Du bist Luca und 2. Person Singular."
- Der Erste zeigt auf einen weiteren Mitschüler/eine weitere Mitschülerin und sagt: „Das ist Mehmed/Sarah und er/sie ist 3. Person Singular."
- Beide zeigen aufeinander und sagen: „Wir sind Luca und Ayşe und sind 1. Person Plural."
- Beide zeigen auf je einen Mitschüler/eine Mitschülerin und sagen: „Ihr seid Dennis und Tim und ihr seid 2. Person Plural."
- Beide zeigen auf viele unterschiedliche Personen und sagen: „Sie sind die Schüler der Klasse 6a und sie sind 3. Person Plural."

Dann gehen beide auseinander und laufen weiter durch den Raum, bis sie wieder auf einen Partner treffen.

Variation

Sie können ein Zeichen geben, bei dem die Schüler das Laufen unterbrechen und sich einen Partner suchen müssen.

Kompetenzbereich: Lesen – Umgang mit Texten

Ziel: Vertiefung der aktuellen Lektüre

Material: Karteikarten mit kurzen sportlichen Übungen, Fragen zur aktuellen Lektüre, Ball o. Ä.

Aufwand: gering

Schwierigkeitsstufe: leicht

Vorbereitung

Bereiten Sie Fragen zur aktuellen Lektüre vor.
Erstellen Sie Karteikarten, auf denen Sie einfache sportliche Übungen notieren, wie z. B. „Drei Kniebeugen", „Einmal auf einem Bein längs durch den Klassenraum hüpfen", „Vier Liegestütze" … Mischen Sie die Karten und legen Sie sie auf das Pult. Die Schüler stellen sich im Kreis auf.

Durchführung

Werfen Sie dem Ersten den Ball zu und stellen Sie ihm eine Frage zur aktuellen Lektüre. Kann der Schüler diese richtig beantworten, darf er den Ball zum nächsten Spieler werfen, dem Sie dann die nächste Frage stellen. Liegt der Spieler falsch, muss er eine Karte von denen auf dem Pult ziehen und die sportliche Aufgabe, die darauf notiert ist, sofort ausführen.

Tipp

Lassen Sie die Schüler die Fragen zur Lektüre in der Stunde vorher oder als Hausaufgabe erstellen.

Satzverlängerung

Kurze Spiele für den Klassenraum

Kompetenzbereich: Schreiben

Ziel: Formulieren von Sätzen üben

Material: –

Aufwand: gering

Schwierigkeitsstufe: mittel

Vorbereitung

Die Schüler bilden zwei Gruppen.

Durchführung

Der Startspieler einer Gruppe wird ausgelost. Dieser stellt sich nach vorn in die Klasse und nennt ein Verb, z. B. „weinen". Nun darf sich jeder aus der Gruppe dazustellen und einen weiteren Satzteil hinzufügen, z. B. „Ich weine." Dann kommt der nächste und erweitert den Satz wieder: „Ich weine, weil …" Das geht so lange weiter, bis der Satz vollständig ist und keiner mehr eine Ergänzung machen kann. Für jeden Satzteil gibt es einen Punkt. Kann die Gruppe den Satz nicht sinnvoll beenden, verfallen alle vorherigen Satzteile und keine Punkte werden verteilt.
Dann ist die nächste Gruppe an der Reihe. Nach mehreren Runden gewinnt die Gruppe, die die meisten Punkte erreicht.

Tipp

Weniger ist manchmal mehr: Oft ist es besser, den Satz kürzer zu lassen und die Punkte mitzunehmen als unbedingt den längsten Satz bilden zu wollen.

Kompetenzbereich: Reflexion über Sprache

Ziel: Wiederholung von grammatischen Fachbegriffen

Material: –

Aufwand: gering

Schwierigkeitsstufe: leicht

Vorbereitung

Bereiten Sie Fragen zu Grammatikthemen vor, die die Schüler wiederholen sollen. Die Klasse teilt sich in zwei Gruppen auf.

Durchführung

Die Schüler stellen sich in zwei Reihen auf. Platzieren Sie sich am Kopf der Schlangen. Stellen Sie die erste Frage, z. B. „Wie heißt die Möglichkeitsform als Fachwort?" Die ersten beiden Mitspieler in den Reihen dürfen antworten. Der erste, der die Frage richtig beantwortet („Konjunktiv II"), darf sich wieder an das Ende der Schlange stellen. Der andere muss sich wieder auf seinen Platz setzen. Bei einer falschen Antwort muss sich auch der erste setzen. Kennt keiner die Lösung, setzen sich beide. Dann erfolgt die nächste Frage an die beiden vorn stehenden Schüler. Das Spiel endet, wenn sich eine Schlange komplett aufgelöst hat. Die andere Gruppe ist dann der Sieger, denn dort stehen ja immer noch Schüler, die Fragen beantworten konnten.

Tipps

- Achten Sie darauf, die Fragen schnell zu stellen, damit das Spiel ein hohes Tempo beibehält.
- Lassen Sie die Schüler die Fragen in der Stunde vorher oder als Hausaufgabe erstellen.

Sprichwörter raten

Kompetenzbereich: Reflexion über Sprache

Ziel: Sprichwörter und ihre Bedeutung kennenlernen

Material: Sammlung von Sprichwörtern auf großen Karten

Aufwand: mittel

Schwierigkeitsstufe: mittel

Vorbereitung

Erstellen Sie große Karten mit Sprichwörtern und Redewendungen. Losen Sie zwei Schüler als Rater aus.

Durchführung

Die Spieler, die raten sollen, stellen sich an den Rand des Klassenraums. Stellen Sie sich hinter sie, sodass die beiden die Karten nicht sehen können, die Sie hinter ihnen hochhalten. Alle anderen Mitspieler gehen in der Klasse herum.
Halten Sie die erste Karte mit einer Redewendung – z. B. „Jemandem die kalte Schulter zeigen", „Jemandem schöne Augen machen", „Jemanden links liegen lassen" – hoch. Die Schüler müssen das Sprichwort nun pantomimisch darstellen, die beiden Schüler vor Ihnen raten, worum es sich handeln könnte. Errät einer das Sprichwort, bekommt er einen Punkt, und Sie zeigen das nächste Sprichwort. Wer am Schluss die meisten Begriffe erraten hat, hat gewonnen.

Variation

Sie können das Spiel auch als Gruppenwettbewerb durchführen: Dann spielen immer zwei Schüler die Sprichwörter vor und die anderen Teilnehmer raten in zwei Gruppen.

Kompetenzbereich: Sprechen und Zuhören

Ziel: Konzentrationstraining

Material: Uhr

Aufwand: gering

Schwierigkeitsstufe: schwer

Vorbereitung

Die Schüler sitzen im Stuhlkreis.

Durchführung

Die Schüler sitzen eine Minute lang still im Kreis, haben die Augen geschlossen und hören in die Stille hinein. Jeder überlegt sich dabei eine Bewegung, die er im Folgenden durchführen möchte (aufstehen, sich am Kopf kratzen, drei Töne pfeifen usw.). Nach einer Minute geben Sie ein Zeichen und die Mitspieler führen nun nach und nach wiederholt die Bewegung, die sie sich überlegt haben, aus. Nach einer weiteren Minute geben Sie wieder ein Zeichen, danach dürfen die Spieler keine Bewegungen mehr durchführen. Nun öffnen die Mitspieler die Augen und alle tauschen sich darüber aus, welche Geräusche sie gehört haben und welche Bewegungen wohl dahinterstecken.

Stille Post

Kompetenzbereich: Sprechen und Zuhören

Ziele: Konzentrationstraining, genaues Zuhören üben

Material: –

Aufwand: gering

Schwierigkeitsstufe: mittel

Vorbereitung

Erstellen Sie Quizfragen zum aktuellen Unterrichtsthema.
Die Schüler bilden zwei gleich große Gruppen.

Durchführung

Die Schüler stellen sich in zwei Reihen auf. Die jeweils ersten kommen zu Ihnen ans Pult. Sie stellen ihnen leise die erste Frage, sodass die anderen diese nicht hören können. Die beiden Spieler laufen zurück zu ihrer Gruppe und flüstern dem jeweils zweiten die Antwort ins Ohr. Dieser flüstert die Antwort dem nächsten zu usw. Der letzte ruft die Antwort laut heraus. Ist sie richtig, bekommt seine Gruppe einen Punkt.
Die beiden Mitspieler, die als erste geantwortet haben, stellen sich hinten in ihrer Schlange an und die nächsten beiden kommen nach vorn. Gewonnen hat am Schluss die Gruppe mit den meisten Punkten.

Tipp

Lassen Sie die Schüler die Quizfragen in der Stunde vorher oder als Hausaufgabe erarbeiten.

Treffen zum Konjugieren

Kompetenzbereich: Reflexion über Sprache

Ziel: Konjugationen üben

Material: Karten mit Verben und mit Personalformen je in halber Klassenstärke und je in anderer Farbe, ggf. Glocke

Aufwand: gering

Schwierigkeitsstufe: leicht

Vorbereitung

Bereiten Sie Karten vor: Auf einem halben Klassensatz notieren Sie Verben, z. B. „fliegen“, auf einem zweiten halben Klassensatz Personalformen des Verbs, z. B. „3. Person Singular“.

Durchführung

Jeder Schüler zieht eine Karte. Alle bewegen sich durch den Raum. Auf ein Signal von Ihnen hin, z. B. ein Klatschen oder ein Läuten, suchen sich die Schüler einen Partner. Es müssen immer ein Verb und eine Personalform ein Team bilden – die Schüler erkennen das an den verschiedenfarbigen Karten. Die beiden bilden nun je einen Satz aus der vorgegebenen Kombination, z. B. „Er fliegt in den Urlaub“ oder „Sie fliegt aus der Mannschaft“. Dann gehen die Paare wieder auseinander und bewegen sich weiter, bis das nächste Signal erklingt und sie sich einen neuen Partner suchen.

Variation

Als dritte (wieder andersfarbige) Karte kann eine Zeitform eingeführt werden, die die Schüler dann in einer Dreiergruppe mitbeachten müssen.

Verben hüpfen

Kurze Spiele für den Klassenraum

Kompetenzbereich: Reflexion über Sprache

Ziele: Die Wortart „Verb" wiederholen und festigen

Material: Text aus aktueller Lektüre, dem Lehrwerk o. Ä.

Aufwand: gering

Schwierigkeitsstufe: leicht

Vorbereitung

Legen Sie den Text, den Sie herausgesucht haben, bereit.
Die Schüler bilden einen Kreis in der Mitte der Klasse.

Durchführung

Geben Sie den Schülern die Wortart „Verben" vor (schreiben Sie diese ggf. an die Tafel). Lesen Sie nun den Text langsam vor. Immer wenn nun ein Verb im Text auftaucht, hüpfen die Schüler einmal an ihrem Platz im Kreis in die Höhe. Macht ein Teilnehmer einen Fehler, muss er sich zurück an seinen Platz begeben und scheidet aus.
Gewonnen hat, wer als letzter im Kreis steht.

Variation

Um die Schwierigkeit zu erhöhen, können mehrere Wortarten mit Bewegungen gekoppelt werden, z. B. :

- Verben → am Platz hochhüpfen
- Adjektive → einen Ausfallschritt nach vorn machen
- Nomen → sich nach vorn beugen und mit den Händen den Boden berühren

Tipp

Um mehr Bewegung in das Spiel zu bekommen, kann die Regel aufgestellt werden, dass bei einer bestimmten Wortart alle Mitspieler den Platz wechseln müssen. Hierbei wird dann ggf. der Spieler ausgeschlossen, der als letzter einen neuen Platz gefunden hat.

Verben sammeln

Kompetenzbereich: Reflexion über Sprache

Ziele: Die Wortart „Verb“ wiederholen und festigen

Material: Tafel und Kreide/Whiteboard und Stifte, Stoppuhr

Aufwand: gering

Schwierigkeitsstufe: leicht

Vorbereitung

Teilen Sie die Klasse in drei Gruppen ein. Teilen Sie auf der Tafel/dem Whiteboard für jede Gruppe einen Bereich ab. Schreiben Sie groß „Verben“ als Überschrift darüber.

Durchführung

Jede Gruppe stellt sich in einer Schlange in einigen Metern Abstand von der Tafel oder dem Whiteboard auf. Der erste Schüler jeder Gruppe bekommt ein Stück Kreide/einen Stift in die Hand. Geben Sie das Startsignal – eine Runde dauert drei Minuten. Innerhalb der nächsten drei Minuten laufen jeweils die ersten Schüler der Schlange nach vorn, schreiben ein Verb in ihren Bereich, laufen zurück und übergeben die Kreide/den Stift an den nächsten in der Reihe. Während dieser nun losläuft, stellt sich der erste Schüler wieder hinten an. Sobald die drei Minuten abgelaufen sind, geben Sie das Schlusssignal. Dann wird gemeinsam ausgewertet: Für jedes richtig geschriebene Verb gibt es einen Punkt. Das Team mit den meisten Punkten gewinnt.

Variation

Das Spiel kann auch mit Adjektiven oder Nomen gespielt werden.

Tipp

Achten Sie darauf, dass die Schüler im Laufe des Spiels nicht immer näher an die Tafel/das Whiteboard heranrücken.

Versteinern

Kompetenzbereich: Sprechen und Zuhören

Ziel: genaues Beschreiben üben

Material: Musik und Abspielmöglichkeit (CD-Player oder Laptop)

Aufwand: gering

Schwierigkeitsstufe: leicht

Vorbereitung

Bereiten Sie Musik vor, die Sie abspielen wollen.

Durchführung

Losen Sie zwei Schüler aus, die sich an den Rand des Raumes stellen. Die anderen bewegen sich zur Musik durch den Raum. Ermutigen Sie die Mitspieler, verrückt zu tanzen, zu hüpfen usw. Stoppen Sie abrupt die Musik. Sobald sie aufhört, müssen die Schüler in der Position stehen bleiben, in der sie sich gerade befinden.
Der erste ausgeloste Schüler dreht sich zur Wand. Der zweite sucht sich eine „Skulptur" aus und beschreibt sie nun möglichst genau in drei Sätzen. Dabei darf er nicht die Kleidung, sondern muss die Haltung, Gestik, Mimik usw. beschreiben. Ist er fertig, dreht sich der andere um und muss versuchen, zu erraten, wen der Beschreiber gemeint hat.
Dann wird die Musik wieder angestellt und die Spieler bewegen sich weiter, die beiden am Rand tauschen die Rollen. Nach dem nächsten Durchgang wechseln die „Randspieler".

Kompetenzbereich: Schreiben

Ziele: Vergleiche formulieren, Wortart „Adjektive" wiederholen

Material: Klebezettel

Aufwand: gering

Schwierigkeitsstufe: leicht

Vorbereitung

Schreiben Sie auf Klebezettel je ein Adjektiv, z. B. „gelb", „traurig" usw.

Durchführung

Heften Sie jedem Schüler einen Klebezettel auf die Stirn. Nun gehen die Mitspieler im Raum herum. Begegnen sie einem Mitspieler, stellen sie ihm die Frage: „Wer oder was ist so wie ich?" Der Angesprochene muss nun antworten und sich einen passenden Satz dazu ausdenken: „Eine Sonnenblume ist wie du" oder „Wenn man mir mein Handy klaut, bin ich wie du".
Glaubt ein Schüler zu wissen, welches Adjektiv auf seiner Stirn klebt, geht er zu Ihnen und sagt es Ihnen. Ist es richtig, darf er sich auf seinen Platz setzen. Liegt er falsch, muss er weiter herumgehen und fragen. Das Spiel endet, wenn alle Spieler ihr Adjektiv erraten haben.

Variation

Man kann das Spiel auch als Wettbewerb spielen: Hat ein Spieler sein Wort erraten, bekommt er einen neuen Zettel auf die Stirn geklebt. Wer am Ende der Spielzeit die meisten Adjektive erraten hat, hat gewonnen.

Wortaufstellung

Kompetenzbereich: Reflexion über Sprache

Ziel: Rechtschreibung üben

Material: Karteikarten mit Buchstaben

Aufwand: gering

Schwierigkeitsstufe: mittel

Vorbereitung

Erstellen Sie Karteikarten mit einzelnen Buchstaben darauf – zwei halbe Klassensätze mit denselben Buchstaben. Achten Sie darauf, dass Buchstaben, die häufig auftreten (a, e, n usw.), doppelt vorkommen, und lassen Sie andere dafür weg.
Wählen Sie Wörter aus dem Wörterbuch aus, die mit diesen Buchstabenkarten gebildet werden können.

Durchführung

Teilen Sie die Klasse in zwei Gruppen ein. Jeder Schüler zieht dann eine Karte mit einem Buchstaben aus dem halben Klassensatz seiner Gruppe.
Nennen Sie ein Wort, z. B. „Blumentopf", „Sonnenbad", „Eisberg" usw. Die beiden Gruppen versuchen nun, dieses so schnell wie möglich zu bilden, indem sich die Schüler mit ihren Buchstabenkarten in der richtigen Reihenfolge nebeneinander aufstellen. Die Gruppe, die das Wort als erste richtig „stehen hat", bekommt einen Punkt. Gewonnen hat die Gruppe, die am Schluss die meisten Punkte hat.

Tipp

Am besten nehmen Sie für die halben Klassensätze der Karteikarten je eine andere Farbe, dann lassen sich die Karten besser auseinanderhalten.

Wörter richtig schreiben

Kompetenzbereich: Reflexion über Sprache

Ziel: Rechtschreibung üben

Material: Tafel und Kreide, ggf. Whiteboard/Overheadprojektor und Stifte

Aufwand: gering

Schwierigkeitsstufe: mittel

Vorbereitung

Suchen Sie sich Fremdwörter oder fehlerträchtige Wörter zu einem Thema (s – ss, d – t …) aus dem Wörterbuch aus. Tippen Sie diese ggf. für das Whiteboard/den Overheadprojektor mit und ohne Fehler ab, sodass Sie den Schülern die Wörter einzeln nacheinander zeigen können.

Durchführung

Die Schüler stehen an ihren Plätzen. Schreiben Sie ein Fremdwort oder ein anderes „schwieriges" Wort an die Tafel bzw. zeigen es den Schülern über Whiteboard/Overheadprojektor. Die Schüler zeigen nun, ob sie glauben, dass das Wort richtig oder falsch geschrieben ist: Ist ihrer Meinung nach das Wort richtig, recken sie beide Arme in die Höhe und stellen sich auf Zehenspitzen. Ist es ihrer Ansicht nach falsch, gehen sie in die Hocke. Lösen Sie das „Rätsel" auf, sobald sich jeder entschieden hat. Jeder bekommt für die richtige Einschätzung einen Punkt. Wer am Schluss die meisten Punkte hat, gewinnt.

Zeitenanzeiger

Kurze Spiele für den Klassenraum

Kompetenzbereich: Reflexion über Sprache

Ziele: Tempora wiederholen und festigen

Material: –

Aufwand: gering

Schwierigkeitsstufe: leicht

Vorbereitung

–

Durchführung

Die Schüler stehen an ihren Plätzen. Geben Sie den Schülern sechs unterschiedliche Gesten für sechs unterschiedliche Tempora vor:

- Präsens: beide Arme nach vorn strecken
- Perfekt: beide Arme zur Seite strecken
- Präteritum: den rechten Arm nach hinten strecken
- Plusquamperfekt: den linken Arm nach hinten strecken
- Futur I: den linken Arm nach oben strecken
- Futur II: den rechten Arm nach oben strecken

Sagen Sie einen Satz. Die Schüler machen je nach dem gewählten Tempus die entsprechende Geste dazu, z. B. „Ich ging gestern ins Kino" Die Schüler strecken den rechten Arm nach hinten. Fangen Sie langsam an und erhöhen Sie nach und nach das Tempo.

Tipp

Wenn die Schüler sich die Gesten für die sechs unterschiedlichen Tempora nicht merken können, schreiben Sie die Vorgaben an die Tafel.

Kompetenzbereich: Reflexion über Sprache

Ziele: Tempora wiederholen und festigen

Material: Würfel

Aufwand: gering

Schwierigkeitsstufe: leicht

Vorbereitung

Die Schüler stehen an ihren Plätzen. Lassen Sie sie bis sechs durchzählen; jeder merkt sich „seine" Zahl.

Durchführung

Nennen Sie einen Satz, z. B. „Ich gehe nach Hause." Würfeln Sie nun mit dem Würfel. Ist das Ergebnis eine Eins, müssen alle Schüler mit der Nummer eins nach vorne kommen und sich in einer Reihe aufstellen – das sind höchstens fünf, wenn die Klasse nicht über dreißig Schüler hat. Dann muss jeder den Satz nacheinander so schnell es geht in eine andere Zeit stellen („Ich bin nach Hause gegangen.", „Ich ging nach Hause.", ...). Wiederholt ein Mitspieler die Zeit eines anderen oder macht einen Fehler, muss er ausscheiden. Die anderen gehen zu ihrem Platz zurück und die nächste Runde beginnt.

Variation

Das Spiel kann auch mit Verben gespielt werden, die von den Schülern konjugiert werden müssen. Oder auch mit Nomen, die im Singular und im Plural in die verschiedenen Fälle gesetzt werden sollen.

Zwei Baumeister

Kurze Spiele für den Klassenraum

Kompetenzbereich: Sprechen und Zuhören

Ziel: genaues Beschreiben üben

Material: Lego®- oder sonstige Bausteine, ggf. Papier und Stifte

Aufwand: gering

Schwierigkeitsstufe: schwer

Vorbereitung

Die Schüler setzen sich zu Paaren zusammen. Jedes Paar bekommt einen doppelten Satz an Bausteinen.

Durchführung

Jedes Paar setzt sich Rücken an Rücken. Der erste Spieler baut aus seinen Bausteinen eine Skulptur. Dann beschreibt er diese möglichst genau und sein Partner versucht, die Skulptur mit seinen Steinen nachzubauen. Ist er fertig, vergleichen die beiden Baumeister ihre Skulpturen.

Variation

Gibt es nicht genug Bausteine für die Paare, kann der Zuhörer auch versuchen, die Skulptur zu zeichnen, anstatt sie nachzubauen.

Tipp

Geben Sie eine Zeit vor, in der das Beschreiben und Nachbauen geschehen muss. So müssen die Schüler sich darauf konzentrieren, möglichst genau zu formulieren.

Längere Spiele für den Klassenraum

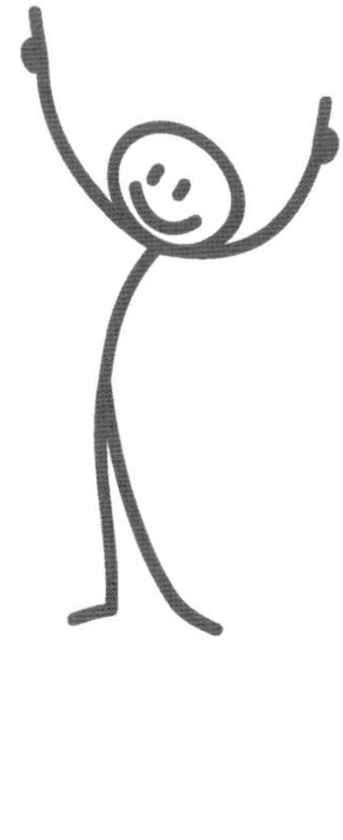

Adverbiale Ecken und Standpunkte

Längere Spiele für den Klassenraum

Kompetenzbereich: Reflexion über Sprache

Ziele: Wiederholung und Festigung von adverbialen Bestimmungen

Material: DIN-A4-Blätter mit adverbialen Bestimmungen darauf

Aufwand: mittel

Schwierigkeitsstufe: mittel

Vorbereitung

Schreiben Sie auf DIN-A4-Blätter jeweils eine Art der adverbialen Bestimmung („adverbiale Bestimmung des Ortes", „adverbiale Bestimmung der Zeit", „adverbiale Bestimmung der Art und Weise", „adverbiale Bestimmung des Grundes", „adverbiale Bestimmung der Bedingung") und legen Sie diese an unterschiedlichen Stellen im Klassenraum aus. Notieren Sie sich möglichst viele Sätze, in denen eine adverbiale Bestimmung vorkommt.

Durchführung

Die Schüler gehen durch die Klasse. Lesen Sie einen Satz vor, in dem eine adverbiale Bestimmung vorkommt, z. B. „Ich gehe in den Zoo". Die Schüler müssen sich nun in den nächsten Sekunden zu dem Blatt stellen, auf dem die passende Bestimmung („adverbiale Bestimmung des Ortes") notiert ist. Diejenigen Schüler, die an einem falschen Blatt stehen, scheiden aus und setzen sich wieder auf ihren Platz. Dann gehen die Mitspieler wieder los und der nächste Satz wird vorgelesen. Am Schluss gewinnt der Schüler, der als letzter übrig bleibt.

Tipp

Kommt es gegen Ende des Spiels dazu, dass sich die Schüler immer alle auf dasselbe Feld stellen, kann die Regel dahin gehend verändert werden, dass nur noch die ersten vier Mitspieler, die auf dem richtigen Blatt stehen, in die nächste Runde kommen, dann die ersten drei, dann zwei und zum Schluss der Schnellste als Sieger übrig bleibt.

Alle, die … mit Deutsch-Begriffen

Kompetenzbereich: Reflexion über Sprache

Ziele: grammatische Fachbegriffe wiederholen und üben

Material: je Teilnehmer eine Karteikarte mit einem Satz

Aufwand: mittel

Schwierigkeitsstufe: mittel

Vorbereitung

Schreiben Sie für jeden Schüler einen Satz auf eine Karteikarte, z. B. „Der Junge, der einen grünen Luftballon in der Hand hielt, ging mit seinem Vater durch die Fußgängerzone." Je länger der Satz ist, desto mehr Möglichkeiten hat man im Spiel. Die Schüler bilden einen großen Stuhlkreis in der Mitte des Klassenraums.

Durchführung

Geben Sie jedem Schüler eine Karteikarte mit einem Satz darauf. Stellen Sie sich dann außerhalb des Kreises. Sie nennen nun Bedingungen, die die Sätze auf den Karteikarten erfüllen könnten. Diejenigen Schüler, für deren Sätze diese Aussagen zutreffen, müssen dann ihren Platz wechseln. Beispiele:
„Alle wechseln den Platz, in deren Satz …

- ein Relativsatz vorkommt." (Hier müsste der Schüler, der den Beispielsatz oben erhalten hat, seinen Platz wechseln.)
- die erste Person Singular auftaucht." (Hier müsste derselbe Schüler sitzen bleiben.)
- ein unbestimmter Artikel vorkommt."
- ein Fragezeichen am Ende steht."

Tipp

Um zu kontrollieren, ob die Schüler auch zu Recht den Platz tauschen, können Sie nach dem Wechsel einen Mitspieler auffordern, seinen Satz vorzulesen. Er selbst oder ein anderer Schüler nennt dann den Satzbestandteil, der zu dem Wechsel geführt hat.

Kompetenzbereich: Methoden

Ziel: Wiederholung von Inhalten der aktuellen Unterrichtsreihe

Material: ein Bingo-Spielplan für jeden Schüler (am besten DIN A4)

Aufwand: hoch

Schwierigkeitsstufe: schwer

Vorbereitung

Bereiten Sie für jeden Schüler ein Bingo-Spielfeld vor: Erstellen Sie eine Tabelle mit 3x3 oder 4x4 Kästchen, in denen jeweils Fragen zum aktuellen Unterrichtsthema stehen. Beispiele:

- In welcher Ballade springt ein Ritter zu einem Löwen in die Arena?
- Wer schrieb „John Maynard"?
- Was ist eine Moritat?
- Wo wohnt Herr von Ribbeck auf Ribbeck?
- Wie nennt man es, wenn sich zwei aufeinanderfolgende Zeilen reimen?
- Wie nennt man eine Zeile einer Ballade?

Gestalten Sie für jeden Schüler einen unterschiedlichen Spielplan.

Durchführung

Jeder Spieler erhält einen Bingo-Spielplan. Dann gehen alle Schüler im Klassenraum herum und versuchen, sich die Fragen von ihren Mitschülern beantworten zu lassen. Nach jeder Frage muss man den Partner wechseln. Hat einer der Mitschüler alle Fragen beantwortet bekommen, ruft er „Bingo". Er hat das Spiel gewonnen, wenn alle Antworten richtig sind.

Tipp

Wenn jemand viele Fragen schon allein beantworten kann, ist er natürlich schneller fertig. Sie können dann einführen, dass jede Antwort von jemand anderem unterschrieben werden muss.

Die Grammatik-Linie

Kompetenzbereich: Reflexion über Sprache

Ziel: Aktiv und Passiv üben

Material: Liste mit Sätzen im Aktiv und Passiv, Klebeband/Seil o. Ä., ggf. Zettel mit den Wörtern „Aktiv" und „Passiv" zum Aufhängen

Aufwand: gering

Schwierigkeitsstufe: mittel

Vorbereitung

Erstellen Sie eine Liste mit Sätzen im Aktiv oder Passiv.
Markieren Sie quer durch den Klassenraum mithilfe von Klebeband oder eines Seils eine Linie am Boden.

Durchführung

Die Schüler stellen sich auf die Linie. Eine Seite wird als die „Aktiv-Seite" festgelegt, die andere ist die „Passiv-Seite" (das kann man ggf. durch Zettel an der Wand verdeutlichen).
Lesen Sie nun einen Satz vor, z. B. „Das Buch wurde von Peter gekauft". Sobald der Satz zu Ende ausgesprochen ist, geben Sie ein Zeichen. Dann müssen die Schüler einen Sprung nach rechts oder links machen und sich der Seite zuordnen, von der sie glauben, dass sie für den Satz die richtige ist (hier: die „Passiv-Seite"). Es gilt nur ein Sprung, Plätze dürfen dann nicht mehr gewechselt werden. Haben die Mitspieler die richtige Seite gewählt, stellen sie sich nach der Auflösung wieder auf die Linie. Diejenigen, die auf die falsche Seite gesprungen sind, scheiden aus und müssen das Spielfeld verlassen.
Es gewinnt, wer am Schluss als Letztes auf der richtigen Seite steht.

Variation

Das Spiel kann auch mit anderen grammatischen Phänomenen durchgeführt werden, z. B. Indikativ – Konjunktiv, Perfekt – Präteritum usw.

Kompetenzbereich: Lesen – Umgang mit Texten/Sprechen und Zuhören

Ziel: Vertiefung der Personencharakterisierung einer aktuellen Lektüre

Material: keins, ggf. Gegenstände mit Bezug zur Lektüre

Aufwand: gering

Schwierigkeitsstufe: schwer

Vorbereitung

Besprechen Sie mit Ihren Schülern während einer Lektüre, was eine Rollenbiografie ist. Erklären Sie ihnen nicht, was Improvisationstheater ist. Sie können mit den Schülern vorher einfache Improvisationen üben. Richten Sie im Klassenraum eine „Bühne" ein (z. B. einen abgegrenzten Bereich vor dem Pult). Stellen Sie ggf. einen Tisch mit Gegenständen, die einen Bezug zur Lektüre haben, daneben.

Durchführung

Fordern Sie einen Schüler auf, auf die Bühne zu kommen und für eine bestimmte Figur aus der aktuellen Lektüre einen Monolog zu halten (Was tut sie gerade? Was sind die Gründe für ihre Handlung? Z. B. Karl Moor aus Schillers „Die Räuber": „Was tue ich hier eigentlich bei dieser Räuberbande? Ich wollte doch nur ein schönes Leben führen …").
Die anderen Schüler können nun in den Monolog eingreifen, indem sie entweder den redenden Schüler ablösen, seinen Platz einnehmen und ihn ins Publikum schicken oder sich als zweite, dritte … Figur in die Szene einbauen und ihn z. B. als einen Freund in der Situation unterstützen (z. B. als Schweizer: „Ich muss wirklich anerkennen, dass du ein guter Hauptmann bist …"), als Gegenspieler herausfordern (z. B. Franz Moor: „Das geschieht dir ganz recht, dass du jetzt Ärger bekommst. Immer hast du den guten Bruder raushängen lassen …"), als Unbeteiligter zu den Ereignissen befragen (z. B. als Zeitungsleser: „Ich habe gelesen, dass Sie von der Polizei gesucht werden.") usw.
Dazu können sie ggf. auch Gegenstände mit in die Szene bringen, die in der Lektüre eine Rolle spielen könnten.

Kompetenzbereich: Reflexion über Sprache

Ziel: Wiederholung von Fachbegriffen

Material: Karteikarten mit Begriffen zu einem Oberbegriff

Aufwand: mittel

Schwierigkeitsstufe: schwer

Vorbereitung

Bereiten Sie Karteikartensets vor, auf denen, passend zur Schülerzahl, jeweils einige Begriffe notiert sind, die zu einem Oberbegriff gehören, für 25 Schüler z. B. fünf Verben, fünf Adjektive, fünf Substantive, fünf Präpositionen, fünf Sätze. Erstellen Sie mehrere solcher Sets.

Durchführung

Alle Schüler ziehen eine Karte, ohne dass sie vorher wissen, was der darauf stehende Begriff zu bedeuten hat. Alle gehen durcheinander durch die Klasse. Auf ein Signal hin müssen die Schüler dann versuchen, Gruppen zu bilden. Dazu müssen sie ihre Karte mit denen der anderen vergleichen und herausfinden, welche Oberbegriffe dazu passen könnten. Haben sich alle Gruppen gefunden, lesen sie ihre Begriffe vor und die anderen versuchen, den Oberbegriff zu nennen. Danach ziehen sie die nächsten Karten und das Spiel beginnt von Neuem.

Tipp

Je schwieriger die Begriffe zuzuordnen sind, desto interessanter ist das Spiel.

Galgenmännchen mit Hindernissen

Längere Spiele für den Klassenraum

Kompetenzbereich: Reflexion über Sprache

Ziele: Wörter erkennen und richtig schreiben

Material: Tafel und Kreide, Karten mit Aufgaben

Aufwand: gering

Schwierigkeitsstufe: leicht

Vorbereitung

Bereiten Sie Karteikarten mit Aufgaben für Gruppen vor, z. B. „Alle müssen drei Runden Walzer tanzen", „Die eine Hälfte der Gruppe trägt die andere Hälfte huckepack durch die Klasse", „Alle gemeinsam stehen auf und singen ein Lied" usw.
Teilen Sie die Klasse in zwei Gruppen ein und losen Sie aus, welche Gruppe beginnen darf.

Durchführung

Überlegen Sie sich ein Wort. Für jeden Buchstaben schreiben Sie einen waagerechten Strich an die Tafel. Die Gruppen müssen nun nach und nach Buchstaben nennen, die in dem Wort vorkommen könnten. Ist der Buchstabe im Wort vorhanden, wird er auf die entsprechende Linie geschrieben. Ist er nicht im Wort enthalten, wird dem Galgenmännchen ein Strich hinzugefügt und die andere Mannschaft ist dran. Will die Gruppe einen Vokal oder einen besonders oft vorkommenden Konsonanten (n, r, s, t, l) wählen, muss sie zunächst eine Karte ziehen und die Aufgabe, die darauf notiert ist, ausführen. Ist eine Gruppe an der Reihe und glaubt, das Wort zu kennen, kann sie lösen. Liegen die Mitspieler richtig, bekommen sie einen Punkt. Ist die Auflösung falsch, darf die andere Gruppe allein weiterraten, bis das Galgenmännchen vollständig ist.
Ist das Galgenmännchen fertig, bevor eine Gruppe das Wort erkannt hat, wird aufgelöst und das nächste Wort wird angeschrieben.

Kompetenzbereich: Reflexion über Sprache

Ziele: genaues Beschreiben üben, Nuancen ausdrücken

Material: Karteikarten mit Adjektiven zum Thema Gefühle

Aufwand: gering

Schwierigkeitsstufe: mittel

Vorbereitung

Erstellen Sie möglichst viele Karteikarten, auf denen Sie je ein Adjektiv, das ein Gefühl beschreibt, notieren, z. B. „traurig", „fröhlich", „himmelhoch jauchzend", „ängstlich" usw.

Durchführung

Die Schüler gehen durcheinander durch die Klasse. Geben Sie einem eine Karteikarte, z. B. „traurig". Der Schüler beginnt, in diesem Gefühlszustand weiterzugehen, indem er z. B. die Schultern und den Kopf hängen lässt, langsam durch den Raum schlurft usw. Alle anderen versuchen, das Gefühl zu erraten und ebenfalls auf diese Art durch die Klasse zu gehen. Haben alle das Gefühl übernommen und sind so eine Weile gegangen, unterbrechen Sie die Bewegung und fragen einen Mitspieler, der das Gefühl nachgeahmt hat, welches es seiner Meinung nach war. Gibt er die richtige Antwort, kann das Spiel mit einer neuen Runde weitergehen. Hat er das Gefühl falsch eingeschätzt, könnte eine kurze Reflexion dazu stattfinden, welches Gefühl gemeint war und was es ausmacht.

Variation

Das Spiel kann man auch mit Verben aus dem Bereich „gehen" spielen: „laufen", „schlendern", „schleichen" usw.

Gehördetektiv

Kompetenzbereich: Sprechen und Zuhören

Ziel: Konzentrationstraining, Zuhören üben

Material: –

Aufwand: gering

Schwierigkeitsstufe: schwer

Vorbereitung

Die Schüler finden sich zu Paaren zusammen.

Durchführung

Die Paare losen aus, wer der „Blinde" und wer der „Hörende" ist. Die beiden vereinbaren ein Wort, Geräusch o. Ä., auf das der Blinde hören kann. Der Blinde schließt die Augen. Der Hörende führt ihn nun durch den Raum, indem er vorangeht und ständig das Wort sagt und so dem Blinden den Weg weist. Berührungen sind dabei verboten (es sei denn, um Zusammenstöße mit Möbeln oder anderen Mitspielern zu verhindern). Der Blinde muss genau hinhören, um „sein" Wort unter denen der anderen herauszuhören und die richtige Richtung zu finden.
Ist das Paar einmal durch den Raum gewandert, werden die Rollen getauscht.

Variation

Einfacher wird das Spiel, wenn der Führende dem Blinden Anweisungen geben und ihn mit konkreten Richtungsanweisungen („geradeaus – einen Schritt nach rechts – eine halbe Drehung nach links") führen darf.

Kompetenzbereich: Lesen – Umgang mit Texten

Ziel: Vertiefung der Charakterisierung von Personen aus einer aktuellen Lektüre

Material: –

Aufwand: gering

Schwierigkeitsstufe: mittel

Vorbereitung

–

Durchführung

Jeder Schüler wählt sich eine Figur aus der aktuellen Lektüre aus. Dazu überlegt er sich eine Bewegung, die charakteristisch für diese Person ist.
Alle Schüler gehen nun durch den Klassenraum; sobald sich zwei Mitspieler begegnen, begrüßen sie sich, indem sie nacheinander sagen: „Ich bin ...", und dazu die gewählte Geste machen.
Nachdem dies mehrere Minuten lang geschehen ist, geben Sie ein Zeichen. Dann wird die Begrüßung geändert: Wenn sich zwei Mitspieler begegnen, begrüßen sie sich mit: „Du bist ...", und machen die Geste, die das Gegenüber ihnen gezeigt hat.

Listen führen

Kompetenzbereich: Methoden

Ziel: Methoden aus dem Deutschunterricht wiederholen

Material: Listen mit Aufgaben, Stifte

Aufwand: mittel

Schwierigkeitsstufe: mittel

Vorbereitung

Erstellen Sie eine Liste mit zehn Aufgaben zu Methoden, die die Schüler kennen sollten und die sie in Partnerarbeit lösen können, z. B. „Schreibt die Schritte der Fünf-Schritt-Lesemethode auf", „Erklärt, wie das Verlängern von Wörtern bei der Rechtschreibung helfen kann", „Erfindet einen Merksatz für den Aufbau einer Inhaltsangabe" … Kopieren Sie diese Liste für jeden Schüler.

Durchführung

Teilen Sie den Schülern die Listen aus. Die Schüler gehen nun durcheinander im Klassenzimmer umher und suchen sich einen Partner, mit dem sie eine Aufgabe zusammen bearbeiten. Sie schreiben die Lösung der Aufgabe auf den Zettel und lassen den Partner unterschreiben. Dann gehen die beiden auseinander und suchen sich für die nächste Aufgabe einen neuen Partner. Es dürfen keine zwei Aufgaben mit demselben Mitspieler gelöst werden! Wer als Erstes alle Aufgaben bearbeitet hat, gewinnt das Spiel. Gemeinsam werden dann alle Lösungen verglichen und ggf. ergänzt.

Variation

In jüngeren Klassen kann als Vorgabe gegeben werden, dass die Hälfte der Aufgaben von Mitschülern des jeweils anderen Geschlechts bearbeitet werden muss, d. h. bei einem Jungen von Mädchen und bei einem Mädchen von Jungen.

Kompetenzbereich: Sprechen und Zuhören

Ziel: Geschichten kreativ in ein anderes Medium überführen

Material: –

Aufwand: mittel

Schwierigkeitsstufe: schwer

Vorbereitung

Überlegen Sie sich Situationen aus dem Alltag der Schüler, die diese in Form von Standbildern darstellen könnten, z. B. ein Konflikt zwischen zwei Cliquen, eine lustige Situation auf der Klassenfahrt, ein erstes Date eines Paares usw.
Die Schüler finden sich in 4er- oder 5er-Gruppen zusammen.

Durchführung

Jede Schülergruppe bekommt ein Thema, zu dem sie ein Standbild entwerfen soll. Wenn die Schüler dieses fertiggestellt haben, geben Sie ihnen die Aufgabe, nun ein weiteres Bild zu entwerfen, das darstellt, wie es zu dieser Situation gekommen ist, und ein weiteres, das zeigt, wie es nach dieser Situation weitergeht. Geben Sie den Gruppen genug Zeit, diese Standbilder hinzuzufügen.
Lassen Sie die Gruppen ihre Mini-Geschichten vorführen. Die Zuschauer geben Rückmeldung dazu, was sie gesehen haben und wie die Geschichten auf sie gewirkt haben.

Variation

Die Gruppen können nur die ersten beiden Bilder zeigen und die Zuschauer raten, wie das dritte Bild aussieht und die Geschichte ausgeht.

Musikalische Grüße

Kompetenzbereich: Sprechen und Zuhören

Ziele: Fachbegriffe und Inhalte aus dem Deutschunterricht wiederholen

Material: Musik und Abspielgerät

Aufwand: mittel

Schwierigkeitsstufe: mittel

Vorbereitung

Suchen Sie Musik aus, zu der sich die Schüler gern bewegen. Bereiten Sie eine Abspielmöglichkeit im Klassenraum vor.

Durchführung

Alle Schüler gehen zur Musik durch den Klassenraum. Sobald die Musik aussetzt, rufen Sie eine Anweisung in den Raum, die die Schüler mit einem Partner sofort ausführen müssen, z. B.:

- Nennt drei Argumente für Schulkleidung.
- Bildet einen Kreuzreim.
- Nennt mindestens drei berühmte Fantasy-Bücher.
- Findet vier Begriffe aus dem Englischen, die man auch im Deutschen benutzt.
- Erklärt den Unterschied zwischen Beleg und Beispiel.

Wenn ein Paar die Aufgabe erfüllt hat, setzen die beiden sich hin. Sobald alle Paare sitzen, stellen Sie die Musik wieder an. Die Schüler gehen wieder so lange durch die Klasse, bis die Musik unterbrochen wird und Sie die nächste Anweisung geben.

Kompetenzbereich: Schreiben

Ziele: Fachbegriffe aus dem Deutschunterricht wiederholen und festigen

Material: 20 DIN-A5-Blätter, Overheadprojektor, 20 Folien, Folienstift, Handy/Stoppuhr auf dem Whiteboard o. Ä.

Aufwand: mittel

Schwierigkeitsstufe: leicht

Vorbereitung

Überlegen Sie sich 20 Oberbegriffe aus aktuellen Unterrichtsthemen, zu denen die Schüler wichtige Wörter notieren können, z. B. „Balladen", „Märchen", „Bildbeschreibung" ... Notieren Sie diese Begriffe als Überschrift auf DIN-A5-Blättern. Schreiben Sie jede als Überschrift auf eine Folie.
Teilen Sie die Klasse in zwei Gruppen, A und B, ein.

Durchführung

Geben Sie jeder Gruppe zehn Blätter mit Oberbegriffen, zu denen sie jeweils zehn wichtige Wörter notieren sollen. Sammeln Sie die Blätter anschließend ein. Die erste Gruppe A stellt sich nun in einer Reihe auf, mehrere Meter vom angeschalteten Overheadprojektor entfernt.
Der erste Spieler in der Reihe erhält den Folienstift. Legen Sie nun die erste Folie auf, auf der ein Oberbegriff der Gruppe B steht. Der erste Spieler der Gruppe A läuft nun zum Projektor und notiert einen Begriff, der ihm dazu einfällt. Dann übergibt er den Stift an den nächsten und stellt sich hinten in der Schlange an. Der nächste Spieler läuft zum OHP, notiert seinen Begriff, übergibt den Stift usw. Das geht, bis Sie nach 1,5 Minuten das Schlusssignal geben. Sie nehmen nun den Zettel vor, auf dem Gruppe B ihre Stichwörter zu dem Oberbegriff notiert hat, und vergleichen diese mit den Wörtern, die Gruppe A aufgeschrieben hat. Für jede Übereinstimmung gibt es einen Punkt für Gruppe A. Nach der Prüfung stellt sich Gruppe B auf. Am Schluss gewinnt das Team, das die meisten Punkte erspielt hat.

Partnertausch fürs Rollenspiel

Kompetenzbereich: Lesen – Umgang mit Texten/Sprechen und Zuhören

Ziel: Vertiefung der aktuellen Lektüre

Material: keins, ggf. Glocke, Handy/Stoppuhr auf dem Whiteboard o. Ä.

Aufwand: gering

Schwierigkeitsstufe: schwer

Vorbereitung

Jeder Schüler wählt sich eine Figur aus der aktuellen Lektüre aus, die er verkörpert.

Durchführung

Die Schüler gehen kreuz und quer durch den Klassenraum. Auf ein Zeichen hin, z. B. ein Klatschen oder ein Klingeln, finden sie sich zu Paaren zusammen. Dann stellen sie sich gegenseitig in ihren Rollen vor und unterhalten sich für drei Minuten miteinander. Dabei reden sie über ihre Gedanken und Gefühle oder besprechen Szenen aus der Lektüre. Nach den drei Minuten geben Sie ein zweites Zeichen, die Paare verabschieden sich voneinander und gehen wieder durcheinander durch den Raum. Beim nächsten Zeichen suchen sie sich einen anderen Partner usw.

Variation

Die Schüler stellen sich nicht vor, sondern beschreiben die Figur, die sie gewählt haben. Der Partner muss dann erraten, um wen es sich handeln könnte. Dann wechseln sie die Rollen.

Partnersuche für Zusammensetzungen

Kompetenzbereich: Schreiben

Ziele: Wortschatzarbeit, zusammengesetzte Wörter bilden

Material: möglichst viele Karteikarten mit Nomen, Klebeband, zwei Kartons

Aufwand: gering

Schwierigkeitsstufe: leicht

Vorbereitung

Erstellen Sie möglichst viele Karteikarten, auf denen je ein Nomen steht. Legen Sie sie in einen großen Karton. Ein zweiter (leerer) Karton steht bereit.

Durchführung

Jeder Mitspieler zieht aus dem Karton eine Karte mit einem Nomen und heftet sie sich an den Oberkörper. Auf ein Startzeichen hin laufen die Schüler durcheinander und suchen einen Mitspieler, mit dessen Nomen sich ein neues Wort bilden lässt (z. B. „Haus" und „Tier", damit lässt sich das Nomen „Haustier" bilden). Die Paare bleiben zusammen stehen. Diejenigen Mitspieler, die keinen Partner gefunden haben, scheiden nun aus und setzen sich wieder auf ihren Platz. Die Schüler, die noch im Spiel sind, legen ihre Karten in den leeren Karton und ziehen neue Wörter. Das Spiel geht so lange weiter, bis nur noch ein Pärchen bzw. keines übrig ist.

Tipp

Erklären Sie den Schülern vor Beginn des Spiels, dass die Wörter nicht unbedingt in der Form zusammenpassen müssen, wie sie auf der Karte stehen, sondern auch abgewandelt werden dürfen (z. B. darf aus „Geburtstag" und „Kuchen" das Wort „Geburtstagskuchen" mit Fugen-s gebildet werden).

Pantomime

Kompetenzbereich: Lesen – Umgang mit Texten

Ziel: Vertiefung der aktuellen Lektüre

Material: Karteikarten, Stifte, Handy/Stoppuhr am Whiteboard o. Ä.

Aufwand: mittel

Schwierigkeitsstufe: schwer

Vorbereitung

Richten Sie im Klassenraum eine „Bühne" ein (z. B. einen abgegrenzten Bereich vor dem Pult).

Durchführung

Die Schüler notieren auf den Karteikarten Begriffe, die mit der aktuellen Lektüre zu tun haben und die sich pantomimisch darstellen lassen, z. B. zu Louis Sachars „Löcher": „einen Überfall begehen", „Löcher graben", „eine Flasche mit Wasser füllen", „Mr. Walker" …
Sammeln Sie die Karten ein, mischen Sie sie und legen Sie sie am Rand der „Bühne" (z. B. auf dem Pult) ab.
Teilen Sie die Schüler in zwei Gruppen ein, die sich zusammensetzen, sodass sie zur „Bühne" hinüberschauen können.
Aus der ersten Gruppe kommt ein Spieler auf die Bühne. Auf Ihr Startzeichen hin zieht er eine Karte und beginnt, den genannten Begriff pantomimisch darzustellen. Seine Teamkollegen versuchen, den Begriff zu erraten. Gelingt dies, erhält die Gruppe einen Punkt und der Pantomime darf die nächste Karte ziehen. Nach zwei Minuten beenden Sie die Runde und die zweite Gruppe ist dran. Gewonnen hat am Schluss die Gruppe, die die meisten Punkte gesammelt hat, nachdem jeder einmal als Pantomime Begriffe erklärt hat.

Variation

Wenn Sie das Spiel etwas abkürzen wollen, können Sie auch die zu erratenden Begriffe selbst vorbereiten.

Reise nach Jerusalem

Kompetenzbereich: Sprechen und Zuhören

Ziele: Konzentrationstraining, Zuhören üben

Material: vom Lehrer ausgesuchter Text

Aufwand: mittel

Schwierigkeitsstufe: leicht

Vorbereitung

Suchen Sie sich einen Text aus, den Sie flüssig vorlesen können. Stellen Sie zwei Reihen Stühle mit den Rücken aneinander mitten in den Raum. Es muss ein Stuhl weniger sein, als es Mitspieler gibt.

Durchführung

Nennen Sie den Schülern ein Signalwort, das im Text vorkommt und das sie sich merken müssen. Dann setzen sich die Schüler in Bewegung und laufen im Kreis um die Stühle herum. Lesen Sie nun den Text vor, in dem irgendwann das vorgegebene Wort auftaucht. Zu diesem Zeitpunkt müssen die Schüler sich auf die Stühle setzen. Der Schüler, der keinen Platz mehr bekommt, scheidet aus. Dann wird ein Stuhl entfernt und Sie geben ein neues Signalwort vor. Das Spiel geht so lange weiter, bis ein Schüler sich den letzten Stuhl ergattert hat.

Variation

Diejenigen Schüler, die ausgeschieden sind, können den nächsten Textteil vorlesen.

Satzglieder stellen

Kompetenzbereich: Reflexion über Sprache

Ziele: Satzglieder wiederholen und üben

Material: Karteikarten mit Satzgliedern je nach Klassenstärke

Aufwand: mittel

Schwierigkeitsstufe: mittel

Vorbereitung

Bereiten Sie Karteikarten mit folgenden Satzgliedern für jede Gruppe vor:

- Subjekt
- Prädikat
- Dativ-Objekt
- Akkusativ-Objekt
- Genitiv-Objekt

Bereiten Sie Sätze vor, in denen die Satzglieder an unterschiedlichen Stellen und in unterschiedlicher Zahl vorkommen, z. B. „Ein Buch gebe ich dir", „Ich fahre das Fahrrad des Freundes" usw.
Teilen Sie die Klasse in 5er-Gruppen ein. Wenn das nicht aufgeht, muss ggf. ein Spieler mehrere Karten übernehmen.

Durchführung

Jeder Schüler bekommt eine Karteikarte mit einer Satzglied-Bezeichnung darauf. Lesen Sie die Sätze vor. In jeder Gruppe stellen sich die Mitspieler in der Reihenfolge auf, in der die Satzglieder aufeinanderfolgen, für das erste Beispiel wäre das: Akkusativ-Objekt – Prädikat – Subjekt – Dativ-Objekt. Für jeden richtigen Satz bekommt die Gruppe einen Punkt. Diejenige Gruppe mit den meisten Punkten gewinnt am Schluss das Spiel.

Variation

Je älter die Schüler sind, desto mehr Satzglieder können hinzugefügt werden, z. B. adverbiale Bestimmungen.

Kompetenzbereich: Schreiben/Methoden

Ziele: Feedback zu einem aktuellen Unterrichtsthema einholen

Material: Din-A4-Blätter und Stifte

Aufwand: gering

Schwierigkeitsstufe: mittel

Vorbereitung

–

Durchführung

Stellen Sie ein Thema aus der aktuellen Unterrichtsreihe zur Diskussion. Schreiben Sie dieses an die Tafel.
Nun schreiben die Schüler einen Kommentar zu dem Thema auf ein Blatt, das im Folgenden an ihrem Platz liegen bleibt. Auf ein Zeichen von Ihnen hin gehen die Schüler durch den Raum und kommentieren schriftlich auf den Blättern der anderen Schüler die Aussagen, die diese an ihren Plätzen stehen haben. Dabei darf nicht gesprochen werden! Nach einer bestimmten Zeit, z. B. zehn Minuten, gehen die Schüler wieder auf ihren Platz und sehen sich die Rückmeldungen auf ihrem Blatt an.

Tipp

Anschließend kann ein Unterrichtsgespräch im Plenum über die Ergebnisse stattfinden oder die Blätter werden ausgehängt und können von allen Schülern angesehen werden.

Stadt – Land – Fluss in der Mannschaft

Längere Spiele für den Klassenraum

Kompetenzbereich: Schreiben

Ziel: Wortschatzarbeit

Material: Tafel und Kreide, ggf. Plakate und Stifte

Aufwand: gering

Schwierigkeitsstufe: mittel

Vorbereitung

Zeichnen Sie zwei Tabellen an die Tafel mit je fünf Spalten und den Überschriften: Stadt, Land, Fluss, Beruf, Vorname (die Begriffe können auch ausgetauscht werden – bei leistungsstarken Klassen bietet es sich an, auch grammatische Kategorien zu nehmen, wie Verben, Adjektive, Adverbien, Präpositionen). Teilen Sie die Klasse in zwei Gruppen ein, die sich jeweils am anderen Ende des Klassenraums aufstellen.

Durchführung

Ein Schüler beginnt, leise das Alphabet vor sich her zu sagen. Ein Schüler der anderen Gruppe sagt „Stopp" und der Schüler nennt den letzten Buchstaben, den er gesagt hatte, z. B. „S".
Auf ein Zeichen von Ihnen laufen die ersten Schüler der Gruppe los und schreiben einen Begriff in die erste Spalte, der mit dem genannten Buchstaben anfängt, z. B. „Stuttgart". Dann laufen sie zurück und der nächste läuft los, wenn er einen Begriff weiß. Sind alle Spalten gefüllt, beenden Sie das Spiel und es wird ausgewertet: Für jeden richtigen Begriff bekommt die Gruppe einen Punkt. Nach mehreren Runden wird ausgewertet. Die Gruppe, die die meisten Punkte erreicht hat, gewinnt.

Tipp

Ist die Klasse zu groß, um das Spiel in zwei Gruppen zu spielen, können auch drei Gruppen gebildet und Plakate mit der Tabelle angefertigt werden, die an drei Wänden aufgehängt werden. Die drei Gruppen starten dann von der Mitte des Klassenzimmers aus.

Verben-Pärchenspiel mit Bewegung

Kompetenzbereich: Reflexion über Sprache

Ziele: Wortart „Verben“ wiederholen, Konzentrationstraining

Material: –

Aufwand: gering

Schwierigkeitsstufe: mittel

Vorbereitung

Zwei Schüler werden ausgelost und gehen aus dem Klassenzimmer. Die anderen Schüler finden sich zu Paaren zusammen.

Durchführung

Das Pärchenspiel wird nach den Regeln des bekannten Memory-Spiels gespielt. Jedes Paar überlegt sich ein Verb. Der eine Partner ist derjenige, der das Wort sagt, der zweite macht die entsprechende Bewegung/Tätigkeit dazu, z. B. sagt der erste das Wort „singen“, der zweite singt dann „Alle meine Entchen“, der erste sagt „schwimmen“, der zweite macht Brustschwimmbewegungen mit den Armen usw. Sind alle Paare fertig, lassen Sie sich alle Begriffe einmal vorführen, um sicherzugehen, dass keine doppelt vorkommen oder sich zu ähnlich sind. Alle Schüler stellen sich dann wieder an ihren Platz.
Dann werden die beiden Schüler von draußen hereingeholt. Der erste nennt die Namen von zwei Mitschülern, die ihren Begriff sagen bzw. ihre Bewegung/Tätigkeit ausführen. Gehören sie zusammen, setzen sie sich hin, der Rater erhält einen Punkt und darf wieder zwei Schüler aufrufen. Liegt er falsch, ist der andere Rater dran. Gewonnen hat, wer am Schluss die meisten Punkte hat.

Vier-Ecken-Raten mit Wortarten

Kompetenzbereich: Reflexion über Sprache

Ziele: Wortarten wiederholen und üben

Material: vier DIN-A4-Blätter mit Wortarten, Zettel mit den Buchstaben des Alphabets, Karton

Aufwand: gering

Schwierigkeitsstufe: leicht

Vorbereitung

Legen Sie in jede Ecke des Raums ein DIN-A4-Blatt, auf dem eine Wortart notiert ist: Verb, Adjektiv, Nomen, Präposition. Legen Sie die Zettel mit den Buchstaben in einen Karton o. Ä.

Durchführung

Vier Schüler stellen sich je in eine Ecke. Ziehen Sie dann einen Buchstaben aus dem Karton und lesen Sie ihn laut vor. Die Schüler müssen nun versuchen, so schnell es geht ein Wort der Wortart ihrer Ecke mit dem entsprechenden Anfangsbuchstaben zu finden. Ist ihnen etwas eingefallen, rufen sie es in die Klasse. Der Erste, der die richtige Antwort gerufen hat, darf eine Ecke weitergehen. Dann wird der nächste Buchstabe gezogen (nun müssen die beiden Schüler, die in derselben Ecke stehen, auch ein Wort derselben Wortart finden). Der Schüler, der als erster wieder in seiner Startecke ankommt, gewinnt die Runde. Danach sind die nächsten vier Mitspieler an der Reihe.
Am Schluss kann eine Runde mit den Siegern der Vorrunde gespielt und ein Gesamtsieger ermittelt werden.

Tipp

Kommen die Schüler nicht auf Präpositionen, kann die Ecke auch ausgelassen werden.

Kompetenzbereich: Sprechen und Zuhören

Ziele: Konzentrationstraining, Zuhören üben

Material: vorbereitete Geschichte

Aufwand: gering

Schwierigkeitsstufe: mittel

Vorbereitung

Bereiten Sie eine Geschichte vor, die Sie erzählen können und in der Bewegungen eine große Rolle spielen.
Die Schüler setzen sich in einen Stuhlkreis.

Durchführung

Beginnen Sie, die Geschichte zu erzählen, und machen Sie dazu Geräusche, die die Schüler jeweils übernehmen müssen. Sie machen sie so lange weiter, bis Sie in der Erzählung das nächste Geräusch vorgeben.
Beispiel:
„Annika geht im Wald spazieren (mit den Füßen Gehbewegungen machen). Nachdem sie einige Zeit unterwegs gewesen ist, kommt Wind auf und die Blätter an den Bäumen rascheln (mit den Händen und Fingern winken). Nun fallen auch noch erste Regentropfen (mit den Fingern leicht auf die Oberschenkel tappen)! Annika beginnt, zu laufen (mit den Füßen schnell auf den Boden trampeln). Der Regen wird immer stärker (mit der flachen Hand auf die Oberschenkel klopfen) …"
Beenden Sie die Geschichte damit, dass Annika nach Hause ins Trockene kommt und sich freut (die Hände in die Luft recken und jubeln).

Tipp

Am schönsten ist es, wenn die Geschichte einen richtigen Spannungsbogen besitzt und mit leisen Geräuschen und kleinen Gesten beginnt, dann lauter wird und von großen Bewegungen begleitet wird und am Schluss wieder zur Ruhe kommt oder mit einem „Knalleffekt" endet.

Wortarten-Platzwechsel

Kompetenzbereich: Reflexion über Sprache

Ziel: Wortarten üben

Material: –

Aufwand: mittel

Schwierigkeitsstufe: leicht

Vorbereitung

Die Schüler setzen sich in einen Stuhlkreis.

Durchführung

Der erste Schüler sagt „Verb", der zweite rechts daneben „Nomen", der dritte „Adjektiv", dann geht es wieder von vorn los, bis allen Mitspielern eine Wortart zugeteilt ist. Ein Schüler wird ausgelost, der sich in die Mitte stellt. Sein Stuhl wird zur Seite gestellt. Alle anderen Schüler wechseln durcheinander die Plätze.
Der Spieler in der Mitte sagt nun ein Wort, z. B. „singen". Daraufhin müssen alle Spieler, die der Wortart „Verb" angehören, die Plätze wechseln. Der Schüler in der Mitte darf versuchen, einen leeren Platz zu ergattern. Der Schüler, der keinen freien Stuhl erwischt hat, stellt sich dann in die Mitte und sagt das nächste Wort.

Variation

Sagt der Spieler in der Mitte „Wortsalat", dann müssen alle Mitspieler die Plätze wechseln.

Wortfelder zuordnen

Kompetenzbereich: Schreiben

Ziele: Fachbegriffe wiederholen und richtig zuordnen

Material: Karten mit Begriffen und Oberbegriffen

Aufwand: gering

Schwierigkeitsstufe: mittel

Vorbereitung

Erstellen Sie Karten mit Begriffen aus vier Bereichen (z. B. Schriftsteller, Romane, Filme, Theaterstücke). Jede Gruppe sollte dieselbe Anzahl von Karten umfassen. Schreiben Sie auf vier einzelne Karten den Oberbegriff und die folgende Erklärung darunter: „Suche die Mitspieler, die Karten mit den Wörtern besitzen, die zu deinem Oberbegriff passen. Hast du jemanden gefunden, fasse seine Hand, und ihr sucht zu zweit weiter. Hast du alle XX Mitspieler gefunden, dürft ihr ein lautes Signal geben." Im letzten Satz muss die konkrete Zahl der Mitspieler eingefügt werden, die zu der Gruppe gehören werden (Sie wissen ja, wie viele Begriffe Sie zu jedem Oberbegriff vorbereitet haben).

Durchführung

Verteilen Sie an jeden Schüler eine Karte mit einem Begriff. Geben Sie die Anweisung, dass alle sich durch den Raum bewegen sollen. Nehmen Sie unauffällig vier Spieler zur Seite und geben ihnen die Karte mit den Oberbegriffen. Der Oberbegriff muss natürlich zu dem jeweiligen Begriff passen, den der Schüler bereits hat. Erläutern Sie ggf. den Auftrag und schicken Sie die vier Schüler los. Nach und nach werden vier immer größer werdende Gruppen entstehen. Diejenige Gruppe, die als Erstes zu jubeln beginnt, hat gewonnen.

Zahlen fangen

Kompetenzbereich: Reflexion über Sprache

Ziele: Zuhören üben, Konzentrationstraining, Buchstabieren

Material: –

Aufwand: gering

Schwierigkeitsstufe: mittel

Vorbereitung

–

Durchführung

Die Schüler laufen durcheinander im Klassenraum herum. Rufen Sie ein Wort in die Klasse. Die Schüler müssen sich nun in Gruppen zusammenfinden, immer so viele Schüler, wie das Wort Buchstaben hat. Rufen Sie z. B. das Wort „Hund", müssen sich 4er-Gruppen bilden. Haben sich die Gruppen gefunden, müssen die Schüler ausscheiden, die übrig sind. Auch Gruppen, die sich in der Buchstabenzahl geirrt haben, müssen ausscheiden. Danach gehen die Schüler wieder auseinander und laufen erneut durch den Raum, bis Sie das nächste Wort vorgeben.

Variation

Schwieriger wird das Spiel, wenn die Gruppen den genannten Begriff auch noch pantomimisch darstellen müssen.

Kurze Spiele für den Schulhof

Adjektiv – Verb – Nomen

Kurze Spiele für den Schulhof

Kompetenzbereich: Reflexion über Sprache

Ziel: Wortarten wiederholen

Material: –

Aufwand: gering

Schwierigkeitsstufe: leicht

Vorbereitung

Die Schüler finden sich zu Paaren zusammen.

Durchführung

Die Paare stellen sich entlang einer gedachten Linie einander gegenüber auf. Sie verabreden für jede der drei Wortarten ein eigenes Zeichen, z. B.

- Adjektiv: Hand an die Stirn legen
- Verb: mit dem Finger über die Nase reiben
- Nomen: die Arme jubelnd nach oben recken

Nun stellen sich die Paare Rücken an Rücken. Jetzt rufen Sie ein unbekanntes Wort oder ein Fremdwort, woraufhin die Schüler sich umdrehen, und mit der entsprechenden Bewegung zeigen, zu welcher Wortart das Wort gehören könnte. Liegen beide Mitspieler eines Paares richtig, dürfen sie sich ausruhen und weiter zuschauen; die anderen Paare drehen sich wieder Rücken an Rücken und machen weiter, bis alle eine Übereinstimmung erreicht haben.

Variation

Statt unbekannte Wörter oder Fremdwörter zu rufen, können Sie auch ein Kommando (z. B. „3 – 2 – 1 – Dreh“) geben, auf das hin sich die Paare drehen und jeder per Zufall eines der vereinbarten Zeichen macht – ähnlich dem Knobelspiel „Papier – Schere – Stein“ oder „Schnick-Schnack-Schnuck“. Haben die beiden dasselbe Zeichen gemacht, dürfen sie sich entspannen und den anderen weiter zusehen.

Alphabet-Plakat

Kompetenzbereich: Schreiben

Ziel: Vertiefung eines aktuellen Unterrichtsthemas

Material: vier große Plakate, auf denen untereinander die Buchstaben des Alphabets stehen, dicke Filzstifte

Aufwand: mittel

Schwierigkeitsstufe: mittel

Vorbereitung

Schreiben Sie auf vier große Plakate (z. B. von einer Tapetenrolle) untereinander die Buchstaben des Alphabets, sodass rechts davon noch Platz zum Schreiben bleibt.
Teilen Sie die Klasse in vier Gruppen ein.

Durchführung

Legen Sie die vier Plakate an ein Ende des Schulhofs und lassen Sie die Schüler sich an der gegenüberliegenden Seite in vier Reihen aufstellen. Jede Gruppe hat also ein eigenes Plakat auf der gegenüberliegenden Seite und erhält einen Stift.
Geben Sie den Schülern ein Thema, z. B. „Tribute von Panem", vor. Der erste der Reihe läuft los und trägt hinter einen Buchstaben einen Begriff ein, der mit dem Buchstaben beginnt und der einen Bezug zu dem Oberthema hat, z. B. bei K „Katniss". Dann läuft der Schreiber wieder zurück und übergibt den Stift an den nächsten in der Reihe. Diejenige Gruppe, die als Erstes ihr Plakat vollständig ausgefüllt hat, hat gewonnen.

Tipp

Sie können die schwierigen Buchstaben, wie X oder Q, auch herausnehmen oder bestimmen, dass diese nur im Wort vorkommen, jedoch nicht am Anfang stehen müssen.

Ballabfrage zur Ergebnissicherung

Kurze Spiele für den Schulhof

Kompetenzbereich: Methoden

Ziele: Wiederholung und Vertiefung eines Unterrichtsthemas

Material: Ball

Aufwand: gering

Schwierigkeitsstufe: leicht

Vorbereitung

Bereiten Sie Fragen zum aktuellen Unterrichtsthema vor, z. B. „Nenne die Schritte der Fünf-Schritt-Lesemethode" oder „Nenne die Hauptpersonen des Dramas ‚Die Räuber'". Die Schüler stellen sich im Kreis auf.

Durchführung

Werfen Sie den Ball einem Mitspieler zu. Nennen Sie ihm die erste Aufgabe, die Sie sich überlegt haben. Der Schüler gibt den Ball seinem Nachbarn weiter. Dieser reicht ihn seinem Nachbarn usw. Der Schüler, der den Ball gefangen hat, hat nun so lange Zeit für seine Antwort, wie der Ball im Kreis herumgeht. Schafft er das, darf er den Ball einem Mitspieler zuwerfen, der dann die nächste Aufgabe bekommt. Schafft er es nicht, muss er den Kreis verlassen. So wird das Spiel immer schneller, bis die Zeit zu kurz wird, um Fragen zu beantworten.

Variation

Nennen Sie statt der Frage ein Wort, auf das der Schüler, der den Ball gefangen hat, Reimwörter finden muss. Zählen Sie mit, wie viele Wörter er schafft. Dann ist der nächste mit einem neuen Reimwort an der Reihe (bei dieser Variante scheidet kein Schüler aus, jeder kommt einmal an die Reihe). Wer zum Schluss die meisten Reime gefunden hat, gewinnt.

Ballfangen mit Reimen

Kompetenzbereich: Schreiben

Ziel: Reimwörter finden

Material: Ball

Aufwand: gering

Schwierigkeitsstufe: leicht

Vorbereitung

Die Schüler stellen sich im Kreis auf. Ein Spieler wird ausgelost und stellt sich in die Mitte.

Durchführung

Sie als Spielleiter beginnen mit einem Wort, z. B. „meine". Sie werfen den Ball einem Mitspieler zu, der einen Reim zu dem ersten Wort nennen muss, z. B. „deine". Dann macht dieser weiter mit einem neuen Wort und wirft den Ball zum nächsten Mitspieler.
Der Spieler in der Mitte muss versuchen, den Ball abzufangen. Hat er das geschafft, nimmt er den Platz desjenigen ein, der den Ball als Letztes berührt hat, und dieser kommt in die Mitte. Der Fänger darf nun eine neue Runde beginnen. Fängt ein Spieler den Ball, kann aber kein Reimwort nennen, muss er auch den Platz mit dem Spieler in der Mitte tauschen.

Buchstaben-Choreografie

Kurze Spiele für den Schulhof

Kompetenzbereich: Reflexion über Sprache

Ziele: Rechtschreibung üben, Konzentrationstraining

Material: ggf. Musik und Abspielgerät

Aufwand: gering

Schwierigkeitsstufe: schwer

Vorbereitung

–

Durchführung

Erklären Sie den Schülern, dass sie eine Choreografie für ein beliebiges Wort erarbeiten sollen: Zu jedem Buchstaben denken sie sich eine Bewegung aus, die sie gemeinsam einüben und vorführen, z. B. beim Wort „ein": Die Schüler klatschen beim „e" in die Hände und springen hoch, beim „i" machen sie einen Ausfallschritt nach vorn und beim „n" drehen sie sich einmal um die eigene Achse. Je länger das Wort ist, desto schwieriger wird die Choreografie.

Variationen

- Sie können ein Wort, z. B. einen grammatikalischen Begriff, vorgeben.
- Wenn die Gruppen möchten, können sie ihre Choreografie mit Musik unterlegen.
- Wenn die Schüler wollen, können sie nach und nach auch ganze Sätze choreografieren.

Buchstaben-Glück, Herr Fischer

Kompetenzbereich: Reflexion über Sprache

Ziele: Zuhören üben, Buchstabieren üben

Material: keins, ggf. Straßenkreide

Aufwand: gering

Schwierigkeitsstufe: leicht

Vorbereitung

Bestimmen Sie ein Spielfeld auf dem Hof, z. B. das Basketballfeld.

Durchführung

Ein Schüler wird ausgelost, der den „Fischer", den ersten Fänger, darstellt. Er stellt sich hinter die Begrenzungslinie einer Querseite des Spielfeldes, die anderen Mitspieler stellen sich ihm gegenüber hinter die Abschlusslinie der anderen Seite. Diese beginnen nun das Spiel, indem sie rufen: „Herr Fischer, Herr Fischer, mit welchem Buchstaben kommt man über das Wasser?" Der Fänger nennt nun einen beliebigen Buchstaben. Nun müssen alle Mitspieler loslaufen und versuchen, die gegenüberliegende Seite zu erreichen, ohne dass der Fischer sie abschlägt. Die Spieler, in deren Vornamen der genannte Buchstabe vorkommt, dürfen dabei nicht abgeschlagen werden, sie können ganz in Ruhe auf die andere Seite wechseln. Wen der Fischer erwischt, der scheidet aus. Auch Spieler, die das Feld verlassen, scheiden aus. Sind nun alle Spieler abgeschlagen oder haben die andere Seite erreicht, beginnt das Spiel wieder von vorn, bis nur noch ein Spieler übrig bleibt, der dann der nächste Fischer wird.

Tipp

Da die Fischer bald heraushaben, dass bestimmte Buchstaben, wie z. B. X oder Y, besonders wenige Personen vom Fangen befreien, kann festgelegt werden, dass jeder Buchstabe des Alphabets nur einmal genannt werden darf oder dass bestimmte Buchstaben von vornherein ausgeschlossen sind.

Buchstaben legen

Kurze Spiele für den Schulhof

Kompetenzbereich: Reflexion über Sprache

Ziel: Konzentrationstraining

Material: zwei Seile

Aufwand: gering

Schwierigkeitsstufe: schwer

Vorbereitung

Die Schüler bilden zwei Gruppen. Jede Gruppe bekommt ein Seil.

Durchführung

Die Teilnehmer jeder Gruppe fassen ihr Seil mit beiden Händen an. Dann schließen alle ihre Augen. Der Lehrer nennt einen Buchstaben. Jede Gruppe versucht nun, mit geschlossenen Augen den genannten Buchstaben aus dem Seil zu bilden, ohne dieses loszulassen. Die Gruppe, die das als Erstes schafft, erhält einen Punkt. Gewonnen hat die Gruppe, die nach mehreren Runden die meisten Punkte erhalten hat.

Tipp

Ermuntern Sie die Schüler dazu, sich zunächst zu beraten, wie man den Buchstaben mit dem Seil formen könnte. Das ist in der Regel erfolgversprechender, als einfach auf „gut Glück" loszulegen.

Buchstaben-Luftballonjagd

Kompetenzbereich: Reflexion über Sprache

Ziel: Rechtschreibung üben

Material: viele Luftballons, dicker Stift, Bänder zum Festbinden, ggf. Glocke

Aufwand: gering

Schwierigkeitsstufe: leicht

Vorbereitung

Beschriften Sie die Ballons mit unterschiedlichen Buchstaben (möglichst mit solchen, die in Wörtern oft vorkommen) – am besten mit einem dicken Faserschreiber oder Permanent-Marker.

Durchführung

Jeder Schüler nimmt sich einen Ballon, pustet ihn recht stramm auf und verknotet ihn. Dann bindet er ihn mithilfe einer Schnur direkt über dem Gelenk an seinen Fuß. Die Schüler laufen auf dem Hof durcheinander. Rufen Sie nun ein Wort, z. B. „Schule", in die Runde. Die Schüler müssen nun versuchen, die Ballons am Fuß der anderen zu zertreten und ihren eigenen zu schützen. Allerdings dürfen nur die Ballons zerstört werden, auf denen ein Buchstabe steht, der in dem gerufenen Wort vorkommt, hier z. B. S oder L. Wessen Ballon zertreten wurde, der scheidet aus.
Geben Sie nach ein paar Minuten ein Zeichen, dann darf nicht mehr angegriffen werden. Alle verbleibenden Mitspieler laufen weiter durcheinander, bis Sie das nächste Wort rufen und die nächste „Zerstörungsrunde" eingeläutet ist. Wer als letzter einen heilen Ballon am Fuß hat, hat das Spiel gewonnen.

Buchstabenschlange

Kompetenzbereich: Reflexion über Sprache

Ziele: Konzentrationstraining, Rechtschreibung üben

Material: –

Aufwand: gering

Schwierigkeitsstufe: mittel

Vorbereitung

–

Durchführung

Geben Sie den Schülern eine Vorgabe, nach der sie sich möglichst schnell in einer Reihe aufstellen müssen, z. B.:

- nach der Anzahl der Buchstaben des Vornamens,
- nach der Anzahl der Konsonanten des Nachnamens,
- nach der Anzahl von Vokalen im gesamten Namen,
- nach der Anzahl der Buchstaben der Straße, in der sie wohnen,
- nach der Anzahl der Silben im Vornamen.

Variation

Das Spiel kann auch als Wettbewerb durchgeführt werden: Teilen Sie die Klasse in zwei Gruppen. Lassen Sie sie dann die Aufstellungen in jeder Gruppe durchführen. Welche Gruppe zuerst richtig ihre Schlange gebildet hat, bekommt einen Punkt. Sieger ist am Schluss die Mannschaft mit den meisten Punkten.

Kompetenzbereich: Lesen – Umgang mit Texten

Ziel: Vertiefung der aktuellen Lektüre

Material: Quizfragen zur Lektüre, zwei Tücher oder Schals, ggf. Straßenkreide

Aufwand: gering

Schwierigkeitsstufe: leicht

Vorbereitung

Bereiten Sie Quizfragen zur aktuellen Lektüre vor. Bestimmen Sie ein Spielfeld auf dem Hof, z. B. das Basketballfeld, oder zeichnen Sie eines mit Straßenkreide auf. Teilen Sie die Schüler in zwei Gruppen ein. Innerhalb der Gruppen schließen sie sich zu Paaren zusammen.

Durchführung

Die Schüler stellen sich am Ende des Spielfeldes auf, Sie stellen sich auf die andere Seite. Die jeweils ersten Paare binden sich zwei Beine mit einem Tuch zusammen und stellen sich an die Startlinie. Auf ein Zeichen hin, z. B. ein Klatschen, laufen sie los. Das Paar, das zuerst bei Ihnen ankommt, darf die erste Quizfrage beantworten. Ist die Antwort richtig, bekommt die Gruppe einen Punkt. Dann starten die nächsten Dreibein-Paare.

Variation

Die Quizfragen können auch aus anderen Unterrichtsreihen als der Lektüre stammen.

Tipp

Lassen Sie die Schüler die Quizfragen in der Stunde vorher oder als Hausaufgabe erstellen.

Fangen mit Lektüre-Joker

Kompetenzbereich: Lesen – Umgang mit Texten

Ziel: Wiederholung der aktuellen Lektüre

Material: –

Aufwand: gering

Schwierigkeitsstufe: leicht

Vorbereitung

–

Durchführung

Die Schüler laufen auf dem Schulhof herum. Einer wird ausgelost, dieser ist der Fänger und versucht, die anderen Mitspieler abzuschlagen. Hat er einen erwischt, muss dieser „einfrieren" und auf seinem Platz stehen bleiben, bis alle anderen Spieler abgeschlagen wurden. Retten kann sich ein Spieler dadurch, dass er laut den Namen einer Figur aus einer aktuellen Lektüre ruft (jeder Name darf nur einmal genannt werden). Damit ist der Spieler (nicht der Name) tabu und darf für die nächsten 30 Sekunden nicht abgeschlagen werden. Das Spiel endet, wenn alle Spieler gefangen wurden.

Variation

Die Gejagten haben keine Möglichkeit, sich vor dem Abschlagen zu schützen. Die abgeschlagenen Spieler können jedoch befreit werden, indem ein anderer Spieler sie berührt und den Namen einer Figur aus einer aktuellen Lektüre ruft.

Kompetenzbereich: Sprechen und Zuhören

Ziel: Satzbau üben

Material: –

Aufwand: gering

Schwierigkeitsstufe: mittel

Vorbereitung

Die Schüler stellen sich im Kreis auf. Ein Mitspieler wird ausgelost, der außen stehen bleibt.

Durchführung

Der Schüler, der ausgelost wurde, geht außen im Uhrzeigersinn den Kreis entlang und tippt nacheinander die Teilnehmer an die Schulter. Derjenige, der angetippt wird, muss ein Wort/mehrere Wörter sagen, sodass ein sinnvoller Satz entsteht, z. B. sagt der erste „Ich", der zweite „gehe", der dritte „heute Morgen" usw.
Kommen die Schüler an die Stelle, an der der Satz vollständig ist („Ich gehe heute Morgen in die Schule"), oder weiß ein Schüler keine weitere Ergänzung, läuft der Spieler, der bisher die Schüler im Kreis angetippt hat, los und umrundet so schnell es geht den Kreis. Derjenige Mitspieler, der das letzte Wort des Satzes gesagt hat oder nicht mehr weiterwusste, läuft gegen den Uhrzeigersinn los, ebenfalls um den Kreis herum. Beide Läufer versuchen nun, als erste wieder den Ausgangspunkt zu erreichen, und wer dies schafft, darf sich an den freien Platz stellen. Der andere muss nun außen weitergehen und beginnt einen neuen Satz, indem er die Schüler wieder auf die Schulter tippt.

Kompetenzbereich: Reflexion über Sprache

Ziel: Grammatik üben

Material: –

Aufwand: gering

Schwierigkeitsstufe: leicht

Vorbereitung

Der Lehrer nennt eine grammatische Kategorie, z. B. „Verb", mit der sich die Schüler befreien können.

Durchführung

Die Schüler schließen die Augen. Der Lehrer bestimmt ein „Monster", indem er einem Mitspieler auf die Schulter tippt. Dieses versucht nun, die Mitspieler zu fangen. Berührt es einen Mitspieler, hat das Monster ihn „gebissen" und ist nun auf dem Weg, ihn zu „verspeisen". Kann der Gefangene nun ein Wort nennen, das zu dem grammatischen Begriff passt, z. B. „laufen", dann kann er sich befreien und weiter mitspielen. Kann er nicht schnell genug antworten oder nennt einen falschen Begriff, wird er Teil des Monsters: Die beiden fassen sich an der Hand und versuchen gemeinsam, die anderen zu fangen. So wird das Monster immer größer, bis nur noch ein Mitspieler übrig bleibt, der das Spiel gewinnt.

Variation

Hat der Gefangene einen passenden Begriff genannt und sich vom Biss des Monsters befreit, muss er eine neue Kategorie nennen, mit der sich die Schüler ab jetzt befreien können.

Kompetenzbereich: Lesen – Umgang mit Texten

Ziele: Wiederholung und Vertiefung der aktuellen Lektüre

Material: Zeitungen oder DIN-A3-Papier, ggf. Straßenkreide

Aufwand: gering

Schwierigkeitsstufe: leicht

Vorbereitung

Bereiten Sie möglichst viele Quizfragen zur aktuellen Lektüre vor.
Teilen Sie die Schüler in zwei Gruppen ein.
Bestimmen Sie ein Spielfeld auf dem Hof, z. B. das Basketballfeld, oder zeichnen Sie eines mit Straßenkreide auf. Legen Sie auf jeder Seite Zeitungen oder DIN-A3-Papier als „Insel" aus.

Durchführung

Jede Gruppe steht an einem Ende des Spielfeldes auf einer „Insel" von Zeitungen oder Papier. Stellen Sie nun die Fragen zu der Lektüre. Jede Gruppe darf gemeinsam überlegen und eine Antwort geben. Ist diese richtig, erhält sie ein weiteres Zeitungs- oder DIN-A3-Blatt. Dieses darf die Gruppe an ihre Insel anlegen, sodass es die Insel noch berührt. Nach und nach entsteht so ein Weg, der an das andere Ende des Spielfeldes führt. Die Gruppe, die als erste das andere Ufer „trockenen Fußes" erreicht, hat gewonnen.

Variation

Die Quizfragen können auch aus anderen Unterrichtsreihen als einer Lektüre stammen.

Tipp

Lassen Sie die Schüler die Fragen in der Stunde vorher oder als Hausaufgabe erstellen.

Kurze Spiele für den Schulhof

Kompetenzbereich: Schreiben

Ziele: Wortschatzarbeit, Verben verstehen

Material: Karteikarten mit unterschiedlichen Verben aus dem Bereich „laufen", Karton, ggf. Straßenkreide

Aufwand: gering

Schwierigkeitsstufe: leicht

Vorbereitung

Erstellen Sie möglichst viele Karteikarten, auf denen Sie je ein Verb aus dem Wortfeld „laufen" eintragen, z. B. „rennen", „stolzieren" … Bestimmen Sie ein Spielfeld auf dem Hof, z. B. das Basketballfeld. Teilen Sie die Schüler in zwei Gruppen ein.

Durchführung

Jede Gruppe stellt sich nebeneinander hinter den jeweiligen Grundlinien des Spielfeldes, also auf den gegenüberliegenden Seiten, auf. Es wird ausgelost, welche Gruppe beginnt (Gruppe A). Der erste Spieler der Gruppe A sucht sich nun einen Schüler aus der anderen Gruppe (B) aus, den er zum Wettlauf herausfordert, indem er zu ihm geht und sich direkt vor ihn stellt. Sie gehen mit dem Karton zu dem Herausforderer und lassen ihn eine Karteikarte ziehen, die er Ihnen verdeckt zurückgibt. Dieser verlässt nun das Spielfeld und liest dann das Verb, z. B. „hüpfen" vor. Der Herausforderer muss nun versuchen, das Spielfeld so schnell wie möglich zu überqueren und zu seiner Gruppe A zurückzukehren, der Herausgeforderte muss versuchen, ihn vorher abzuschlagen. Beide dürfen sich dabei nur in der Weise fortbewegen, die auf der Karteikarte angegeben ist. Das Spielfeld darf dabei nicht verlassen werden. Gelingt es dem Herausforderer, zu seiner Gruppe A zurückzukehren, ohne abgeschlagen worden zu sein, erhält sein Team einen Punkt; wird er vorher gefangen, bekommt Gruppe B den Punkt gutgeschrieben. Danach darf der erste Spieler der Gruppe B einen Spieler der Gruppe A herausfordern usw. Die Gruppe mit den meisten Punkten hat am Schluss gewonnen.

Luftballonlauf nach Alphabet

Kompetenzbereich: Schreiben

Ziele: Konzentrationstraining, Wörter bilden

Material: mehrere Luftballons, ggf. Straßenkreide

Aufwand: gering

Schwierigkeitsstufe: mittel

Vorbereitung

Pusten Sie mehrere Luftballons auf.
Bestimmen Sie ein Spielfeld auf dem Hof, z. B. das Basketballfeld, oder zeichnen Sie eines mit Straßenkreide auf.
Die Schüler bilden zwei Gruppen.

Durchführung

Die eine Gruppe teilt sich auf und stellt sich auf beiden Seiten des Spielfeldes auf. Die ersten beiden Mitspieler klemmen sich einen Luftballon zwischen den Bauch oder den Kopf. Auf Ihr Zeichen laufen sie los und bringen den Ballon auf die andere Seite des Spielfeldes. Dort übergeben sie den Ballon an das nächste Paar, das ihn wieder zurück zur anderen Seite bringt, usw. Für jeden Weg erhält die Gruppe einen Punkt. Fällt der Ballon unterwegs, muss das Paar wieder von vorn beginnen. Während die Gruppe läuft, steht die zweite Gruppe in einer Reihe und geht das Alphabet durch: Jeder sagt laut einen Buchstaben und dann ein passendes Wort dazu. Solange die Gruppe das Alphabet aufsagt, darf die erste Gruppe Ballons hin- und hertragen. Ist das Alphabet durch, werden die Rollen getauscht. Gewonnen hat die Gruppe, die am Ende von drei Durchgängen die meisten Punkte hat.

Variation

Um die Zeit für die Träger zu verlängern, kann ausgemacht werden, dass die Wörter nur aus einem bestimmten Bereich kommen dürfen (z. B. nur Tiere, nur Namen, nur Verben …).

Nachlaufen mit Lektürefiguren

Kurze Spiele für den Schulhof

Kompetenzbereich: Lesen – Umgang mit Texten

Ziel: Figuren aus der aktuellen Lektüre wiederholen

Material: –

Aufwand: gering

Schwierigkeitsstufe: leicht

Vorbereitung

Mehrere Figuren aus einer aktuellen Lektüre werden den beiden Begriffen „Komm mit!“ und „Lauf weg!“ zugeordnet, z. B. Harry und Hermine = „Komm mit!“; Hagrid und Dumbledore = „Lauf weg!“. Die Schüler stellen sich im Kreis auf.

Durchführung

Einer der Schüler wird ausgelost (Spieler A) und läuft außen um den Kreis herum. An einem beliebigen Moment tippt er einem Mitspieler im Kreis (Spieler B) auf die Schulter und nennt einen Namen, z. B. „Harry“. Spieler B muss Spieler A, der weiterläuft, hinterherrennen. Hätte Spieler A „Dumbledore“ gerufen, hätte Spieler B in die andere Richtung, Spieler A entgegen, rennen müssen. Beide Spieler versuchen, den leeren Platz von Spieler B als Erstes zu erreichen und sich dort hinzustellen. Wer ihn als Zweiter erreicht, muss nun um den Kreis herumlaufen und den nächsten Spieler zum Wettlauf auswählen. Läuft Spieler B in die falsche Richtung, darf Spieler A auf jeden Fall seinen Platz einnehmen.

Tipps

- Der zweite Spieler B kann schon während seines Wettlaufs mit Spieler A einen weiteren Spieler C zum Laufen auffordern, wenn er feststellt, dass er Spieler A auf keinen Fall mehr erreichen kann.
- Gibt es schwache Läufer in der Gruppe, kann man vorher als Regel einführen, dass nach drei Runden auf jeden Fall gewechselt und ein neuer Läufer ausgelost wird.

Netz aus Fachbegriffen

Kompetenzbereich: Sprechen und Zuhören

Ziel: Fachbegriffe aus dem Deutschunterricht wiederholen

Material: mehrere Bälle

Aufwand: gering

Schwierigkeitsstufe: leicht

Vorbereitung

Die Schüler stellen sich im Kreis auf.

Durchführung

Die Schüler überlegen sich einen Fachbegriff zu dem aktuellen Unterrichtsthema. Reihum nennen alle den Begriff, den sie jeweils gewählt haben, um sicherzugehen, dass kein Wort doppelt vorkommt. Jeder versucht nun, sich zu merken, wer welchen Begriff genannt hat.
Sie als Spielleiter beginnen. Sie rufen einen Begriff und werfen den Ball zu dem Mitspieler, der diesen Begriff genannt hat. Dieser fängt den Ball und wirft ihn nun zum nächsten Spieler, nachdem er dessen Begriff gerufen hat, usw. Jeder merkt sich dabei, wem er den Ball zugeworfen hat. Wenn alle den Ball einmal gefangen und geworfen haben, geht der Ball zurück zu Ihnen. Sie beginnen nun das Rufen und Werfen in derselben Reihenfolge: Sie nennen wieder den ersten Begriff und werfen dem ersten Spieler den Ball zu; dieser fängt, nennt den zweiten Begriff und wirft dem zweiten Spieler den Ball zu usw. Zu Beginn dürfen die Mitspieler noch nachfragen, wer mit welchem Begriff dran ist, nach und nach sollte das jedoch nicht mehr nötig sein. Nach und nach bringen Sie mehrere Bälle ins Spiel und ziehen das Tempo an, sodass das Netz immer schneller und dichter gewebt wird.

Reifen weitergeben

Kompetenzbereich: Lesen – Umgang mit Texten

Ziele: Inhalte der aktuellen Lektüre wiederholen und vertiefen

Material: Fragen zur Lektüre, zwei oder drei Gymnastikreifen, Handy mit Stoppuhr

Aufwand: gering

Schwierigkeitsstufe: leicht

Vorbereitung

Bereiten Sie möglichst viele Fragen zu der aktuellen Lektüre vor.
Für jede Gruppe sollten mindestens zehn Fragen vorhanden sein.
Die Schüler bilden zwei oder drei Gruppen (höchstens zwölf Personen).

Durchführung

Jede Gruppe stellt sich im Kreis auf und die Teilnehmer halten sich an den Händen. Ein Spieler hat den Gymnastikreifen um den Arm hängen. Sie starten nun die Stoppuhr und stellen der ersten Gruppe die vorbereiteten Fragen. Kann jemand aus der Gruppe richtig antworten, folgt sofort die nächste Frage. Kann niemand aus der Gruppe antworten oder wird eine falsche Antwort gegeben, muss die Gruppe zur Strafe den Gymnastikreifen einmal im Kreis herumgeben: Er wird über die Hände, über die Schulter und den Kopf befördert, dann steigt man auf der anderen Seite durch und gibt ihn über die zweite Schulter zum nächsten Mitspieler weiter. Ist der Reifen beim Ausgangspunkt angekommen, wird die nächste Frage gestellt.
Nach zehn Fragen wird die Zeit gestoppt. Die Gruppe, die am schnellsten die Fragen beantwortet hat, gewinnt.

Variation

Als „Strafrunde" kann man sich auch andere Aufgaben ausdenken: einen Ball einmal im Kreis herumreichen o. Ä.

Kompetenzbereich: Reflexion über Sprache

Ziele: Satzbildung und Satzbau üben

Material: Karteikarten mit einzelnen Satzteilen (für jeden Schüler drei), Karton

Aufwand: gering

Schwierigkeitsstufe: mittel

Vorbereitung

Erstellen Sie möglichst viele Karteikarten mit je einem Satzteil darauf, mindestens drei pro Schüler. Legen Sie sie in einen Karton und mischen Sie sie durch.

Durchführung

Jeder Schüler zieht drei Karten mit Satzteilen aus dem Karton. Die restlichen werden zur Seite gestellt. Dann laufen die Mitspieler durcheinander auf dem Hof herum. Nach einer Weile geben Sie ein Zeichen, indem Sie eine Zahl rufen, z. B. „drei". Auf dieses Zeichen hin müssen sich immer drei Schüler zusammenfinden, um ein Molekül zu bilden. Die Molekülbindung kann jedoch nur zustande kommen, wenn die drei Schüler mithilfe aller ihrer Karteikarten einen vollständigen Satz bilden können. Kontrollieren Sie nach ca. einer Minute, welche Gruppen die Vorgabe erfüllt haben. Diese bleiben im Spiel, während die anderen ausscheiden. Dann lösen sich die Moleküle wieder auf und alle laufen weiter durcheinander. Gewonnen hat die Gruppe, die als letztes Molekül übrig bleibt.

Variation

Einfacher wird das Spiel, wenn auf die Karten statt der Satzteile einfache Wörter geschrieben werden und sich immer dieselben Wortarten (Verben, Präpositionen usw.) zusammenfinden müssen.

Kompetenzbereich: Reflexion über Sprache

Ziel: Wortbildung üben

Material: Klebeband, Karteikarten in Klassenstärke (eine leere + je ein Drittel mit dem Begriff „Haus", einem passenden zweiten Nomen und einer Person beschriftet)

Aufwand: gering

Schwierigkeitsstufe: leicht

Vorbereitung

Bereiten Sie die Karteikarten vor: Auf ein Drittel der Karten schreiben Sie das Wort „Haus", auf ein weiteres Drittel je ein Wort, mit dem „Haus" ein zusammengesetztes Nomen bildet (z. B. „Dach" → „Hausdach") und auf das letzte Drittel je eine Person (z. B. „Bruder", „Lehrerin" ...). Legen Sie eine leere Karte dazu.

Durchführung

Die Schüler ziehen je eine Karte und kleben sie an ihren Oberkörper. Immer drei Mitspieler müssen sich jetzt zusammenfinden: Je ein Spieler mit einer Karte „Haus" und einem passenden Begriff stellen sich gegenüber auf, strecken die Arme in die Höhe und fassen sich an den Händen. Sie bilden so ein Haus. Ein dritter Schüler, der eine Person darstellt, stellt sich unter das Dach.
Der Schüler, der die leere Karte gezogen hat, muss nun versuchen, einen Platz für sich zu finden. Er ruft entweder „Bewohner", dann müssen alle Personen ihre Plätze wechseln und er versucht in dieser Zeit, einen Platz in einem Haus zu ergattern. Hat er das geschafft, bleibt ein anderer Mitspieler übrig ohne Zuhause, dieser übergibt ihm seine Karte und muss nun als nächster einen Platz suchen. Der Schüler kann statt „Bewohner" auch „Wohnung" rufen, dann müssen sich alle Häuser einen neuen Platz über einem Bewohner suchen oder er ruft „Sturmschaden", dann müssen alle Mitspieler neue Plätze suchen. Auch hier sucht er sich einen Platz in einem Trio und übernimmt die Karte des Mitspielers, der keinen Platz mehr findet.

Kompetenzbereich: Schreiben

Ziele: Wortschatzarbeit, Wortbildung üben

Material: Ball

Aufwand: gering

Schwierigkeitsstufe: leicht

Vorbereitung

Die Schüler stellen sich im Kreis auf.

Durchführung

Werfen Sie den Ball einem Mitspieler zu und nennen Sie ein Tier, z. B. „Katze". Der Schüler, der den Ball gefangen hat, wirft ihn nun dem nächsten zu und nennt ein neues Tier, das mit dem Endbuchstaben des ersten beginnen muss, z. B. „Ente". Der nächste nennt dann „Elefant" usw. Lässt einer den Ball fallen oder nennt ein unpassendes Tier, muss er ausscheiden.

Variationen

- Statt dass ein Mitspieler ausscheidet, kann man auch vereinbaren, dass ein Spieler das nächste Thema bestimmen darf, wenn er einen Fehler gemacht hat, z. B. Namen, Städte, Pflanzen usw.
- Das Spiel kann natürlich mit vielen unterschiedlichen Themen gespielt werden.
- Kann ein Spieler kein passendes Wort finden, darf er den Ball in die Luft werfen und der Schüler, der das erste Wort vorgegeben hat, muss ihn fangen. Hat er den Ball fest, ruft er „Stopp" und der weglaufende Spieler bleibt stehen. Der erste Spieler versucht nun, ihn abzuwerfen. Gelingt dies, muss er ausscheiden. Wirft der Spieler daneben, darf der Spieler zurück in den Kreis kommen und mit dem nächsten Wort weitermachen.

Längere Spiele für den Schulhof

Becherlauf

Längere Spiele für den Schulhof

Kompetenzbereich: Lesen – Umgang mit Texten

Ziele: Inhalte der aktuellen Lektüre wiederholen und vertiefen

Material: Fragen zur Lektüre, 26 Becher o. Ä. mit jeweils einem Buchstaben des Alphabets darauf, Kreide

Aufwand: mittel

Schwierigkeitsstufe: mittel

Vorbereitung

Bereiten Sie eine Reihe von Fragen zur aktuellen Lektüre vor.
Teilen Sie die Klasse in zwei Gruppen ein.
Stellen Sie die Becher in einer langen Reihe auf. Markieren Sie in einiger Entfernung gegenüber davon die Startlinie mit Kreide.

Durchführung

Beide Gruppen stellen sich in je einer Reihe hintereinander hinter der Startlinie auf. Die ersten beiden Schüler spielen nun gegeneinander. Stellen Sie die erste Frage zu der Lektüre. Die Schüler laufen los, sobald Sie ausgeredet haben, und holen den Becher mit dem Buchstaben darauf, mit dem ihrer Meinung nach die Lösung beginnt. Derjenige, der zuerst mit dem Becher zurück hinter der Startlinie ist, darf die Frage beantworten. Ist die Antwort richtig, erhält seine Gruppe einen Punkt. Stimmt die Lösung nicht oder hat er den falschen Becher geholt, darf der andere Spieler versuchen, die Frage zu beantworten und den Punkt für seine Mannschaft zu erhalten. Nach der Auflösung wird der Becher zurückgestellt, die beiden Spieler stellen sich hinten in der Schlange an und die nächsten beiden Mitspieler sind mit der nächsten Frage dran.
Gewonnen hat die Gruppe, die am Schluss die meisten Punkte hat.

Tipp

Lassen Sie die Schüler in der Stunde vorher oder zu Hause die Fragen zur Lektüre entwerfen.

Kompetenzbereich: Reflexion über Sprache

Ziele: Inhalte des aktuellen Themas wiederholen und vertiefen

Material: sechs Gegenstände zum Markieren von Ruhepunkten, z. B. Reifen o. Ä., ggf. Straßenkreide

Aufwand: mittel

Schwierigkeitsstufe: schwierig

Vorbereitung

Bestimmen Sie ein Spielfeld auf dem Hof, z. B. das Basketballfeld, oder zeichnen Sie eines mit Straßenkreide auf. An den vier Ecken des Feldes sowie auf der Hälfte der beiden Längsseiten werden Ruhepunkte markiert. Die Schüler bilden zwei Gruppen.

Durchführung

Eine Gruppe stellt sich außerhalb des Feldes in einer Reihe vor der ersten Ruhemarkierung auf. Die zweite Gruppe stellt sich innerhalb des Feldes in einer Reihe auf. Ein Spieler der inneren Gruppe wird als „Ansager" bestimmt. Auf ein Zeichen hin muss der Ansager einen Oberbegriff aus dem Deutschunterricht nennen, z. B. „Verben", „Reime auf ‚kein'", „Personen aus dem Buch ‚Krabat'" usw. Die Spieler aus seiner Gruppe müssen nun der Reihe nach einen passenden Begriff nennen. Macht ein Spieler einen Fehler, bekommt die andere Gruppe einen Punkt. Solange die Schüler der inneren Gruppe sprechen, darf der erste Spieler der äußeren Gruppe das Spielfeld umrunden. Stellt er fest, dass die Spieler der ersten Gruppe schneller fertig sind, als er das Spielfeld umrunden kann, darf er an einem der Ruhepunkte stehen bleiben und Pause machen. Beim nächsten Begriff läuft dann der zweite Spieler los und der erste Spieler darf weiterlaufen. Für jeden Spieler, der das Ziel (die sechste Ruhemarkierung) erreicht, gibt es einen Punkt. Hat ein Spieler keine Markierung erreicht und die Spieler der ersten Gruppe sind fertig, scheidet er aus. Ist jeder Spieler der zweiten Gruppe einmal gelaufen, wechseln die Gruppen ihre Position. Nach zwei Runden wird ausgewertet, welche Gruppe die meisten Punkte und damit gewonnen hat.

Brückenbauen mit Schlagzeilen

Kompetenzbereich: Schreiben

Ziele: Wortschatzarbeit, Begriffe sammeln

Material: leere DIN-A4-Blätter, dicke Filzstifte, ggf. Straßenkreide

Aufwand: mittel

Schwierigkeitsstufe: mittel

Vorbereitung

Bestimmen Sie auf dem Hof ein Spielfeld, z. B. das Basketballfeld, oder zeichnen Sie eines mit Straßenkreide auf.
Die Schüler teilen sich in 4er-Gruppen ein.

Durchführung

Alle Gruppen stellen sich an einem Ende des Spielfeldes auf. Geben Sie ein Thema vor, zu dem die Spieler Zeitungsüberschriften entwerfen sollen, z. B. „Schiffsunglück“, „Filmpremiere“, „Shoppingparadies eröffnet“, „Champions League gewonnen“ … Auf Ihr Startsignal hin schreibt jede Gruppe auf ihre Blätter Schlagzeilen, die zu dem Thema passen. Ein Spieler pro Gruppe wird als „Läufer“ bestimmt und legt die Blätter hintereinander aus, sodass sie eine Brücke zur anderen Seite des Spielfeldes bilden. Die Seiten müssen sich dazu berühren und der Läufer darf sich nur auf den Blättern bewegen. Er darf auch immer nur eine neue Seite von seiner Gruppe, die hinter der Grundlinie stehen bleiben muss, abholen und wieder vorn an der „Brücke“ anlegen. Macht ein Läufer einen Fehler, nimmt er z. B. mehrere Blätter mit oder verlässt seine „Brücke“, muss die Gruppe von vorn beginnen. Ist eine Gruppe an der gegenüberliegenden Seite des Spielfeldes angekommen, endet die Runde. Für jede korrekte Überschrift erhalten die Gruppen nun einen Punkt. Die schnellste Gruppe bekommt fünf Punkte extra. Danach beginnt eine neue Runde. Am Schluss gewinnt die Gruppe, die die meisten Punkte erspielt hat.

Kompetenzbereich: Lesen – Umgang mit Texten

Ziele: Inhalte der aktuellen Lektüre wiederholen und vertiefen

Material: Straßenkreide, Klassenliste, Stift

Aufwand: mittel

Schwierigkeitsstufe: mittel

Vorbereitung

Bereiten Sie Fragen mit jeweils drei Antwortmöglichkeiten zu einer aktuellen Lektüre vor. Zeichnen Sie auf dem Schulhof mit Straßenkreide drei Felder ein, die etwas auseinanderliegen und Platz genug bieten, dass die gesamte Gruppe darin stehen kann. Ordnen Sie jedem Feld eine Zahl (1, 2 und 3) zu. Legen Sie eine Klassenliste bereit.

Durchführung

Die Schüler laufen kreuz und quer über den Hof. Lesen Sie eine Frage mit den drei Antwortmöglichkeiten vor, z. B. für „Löcher": „Was soll Stanley Yelnats gestohlen haben? 1: ein Fahrrad – 2: ein Paar Turnschuhe – 3: ein T-Shirt." Lassen Sie die Mitspieler eine Weile überlegen, was die richtige Lösung sein könnte. Dann fordern Sie die Schüler auf, sich für eine Antwort zu entscheiden: „Eins, zwei oder drei – letzte Chance – vorbei!" Beim letzten Wort müssen die Spieler sich für eine Lösung entschieden haben und auf dem entsprechenden Feld stehen, ein weiterer Wechsel ist danach verboten. Geben Sie die richtige Antwort bekannt (Feld 2) und notieren Sie auf der Klassenliste für jeden Schüler, der auf dem entsprechenden Feld steht, einen Punkt. Danach laufen die Mitspieler weiter und Sie stellen die nächste Frage. Wer am Schluss die meisten Punkte hat, gewinnt.

Variation

Das Spiel kann auch mit Fragen aus anderen Themenbereichen des Deutschunterrichts gespielt werden oder am Ende eines Halbjahres mit Fragen aus dem gesamten Zeitraum.

Eisschollen schmelzen

Kompetenzbereich: Lesen – Umgang mit Texten

Ziele: Inhalte der aktuellen Lektüre wiederholen und vertiefen

Material: reichlich Zeitungspapier

Aufwand: gering

Schwierigkeitsstufe: leicht

Vorbereitung

Bereiten Sie möglichst viele, auch schwierige Fragen zur aktuellen Lektüre vor.
Teilen Sie die Klasse in zwei Gruppen ein.
Legen Sie zwei große „Eisschollen" aus Zeitungspapier aus.
Darauf sollten die beiden Gruppen gut stehen können.

Durchführung

Stellen Sie den Gruppen abwechselnd Fragen zur Lektüre. Die Teilnehmer dürfen sich beraten und geben dann gemeinsam eine Antwort. Ist diese richtig, passiert nichts und das Spiel geht an das andere Team. Antwortet die Gruppe falsch, reißen Sie ein Stück von der Zeitung ab, sodass die Gruppe enger zusammenrücken muss. Das Fragen geht weiter und die „Eisschollen" werden immer kleiner. Die Gruppe, die als Erstes nicht mehr auf ihrer Scholle stehen kann und deren Teilnehmer als Erstes ins Wasser fallen, verliert.

Tipp

Lassen Sie die Schüler die Fragen in der Stunde vorher oder als Hausaufgabe erstellen.

Kompetenzbereich: Schreiben

Ziele: Konzentrationstraining, genaues Beschreiben üben

Material: Zettel und Stifte

Aufwand: mittel

Schwierigkeitsstufe: mittel

Vorbereitung

Die Schüler finden sich zu Paaren zusammen.

Durchführung

Die Schülerpaare losen aus, wer zunächst der „Fotoapparat" und wer der „Fotograf" ist. Der Fotoapparat schließt die Augen. Der Fotograf führt ihn dann zu einem bestimmten Platz und stellt ihn so auf, dass er einem bestimmten Motiv gegenübersteht. Dann gibt der Fotograf ein vorher abgesprochenes Zeichen, er berührt den Apparat z. B. kurz auf dem Kopf, der Fotoapparat öffnet für einen Moment die Augen und merkt sich das Motiv, das der Fotograf für ihn ausgesucht hat. Dieses wiederholt sich vier Mal. Dann notiert der Fotoapparat die Motive, die er gesehen hat, und die Rollen werden getauscht. Am Schluss schreiben alle Schüler eine Geschichte, in der die fünf „fotografierten" Motive auftauchen und eine wichtige Rolle spielen müssen.

Tipps

- Das Genre für die Geschichten kann vorgegeben werden, wenn im Unterricht gerade eine bestimmte Textart besprochen wurde, z. B. Märchen, Schelmengeschichte, Novelle, Krimi usw.
- Einige Schüler können ihre Geschichten vorlesen und die Mitschüler raten, was darin wohl die „Fotomotive" waren.

Kompetenzbereich: Sprechen und Zuhören

Ziele: Konzentrationstraining, genaues Zuhören üben

Material: Karten mit Wörtern (für jeden Mitspieler mindestens zehn Karten), längerer Vorlesetext, Straßenkreide o. Ä.

Aufwand: gering

Schwierigkeitsstufe: mittel

Vorbereitung

Wählen Sie einen längeren Text aus, den Sie vorlesen wollen. Suchen Sie daraus Wörter aus und schreiben Sie diese auf Karteikarten, je Schüler sollte es zehn Karten geben (die Wörter müssen nicht alle unterschiedlich sein). Mischen Sie die Karten und legen Sie diese in einen Karton.
Zeichnen Sie auf dem Schulhof zehn parallele Linien ein. Hinter der ersten Linie stellen sich die Schüler nebeneinander in einer Reihe auf.

Durchführung

Gehen Sie mit dem Karton an der Reihe entlang. Jeder Schüler zieht nun zehn Karten und liest die Wörter gut durch. Hat er Begriffe doppelt, kann er diese wieder in den Karton legen und stattdessen einen anderen Begriff ziehen.
Lesen Sie nun langsam den Text vor. Die Schüler kontrollieren währenddessen ihre Karten. Haben sie ein Wort auf der Karte gefunden, das Sie vorgelesen haben, legen sie die Karte ab und gehen eine Linie weiter. Der Schüler, der als erster an der zehnten Linie angekommen ist, hat das Spiel gewonnen.

Kompetenzbereich: Sprechen und Zuhören

Ziele: Konzentrationstraining, genaues Zuhören üben

Material: ggf. Straßenkreide

Aufwand: mittel

Schwierigkeitsstufe: leicht

Vorbereitung

Überlegen Sie sich mehrere Gegensatzpaare, wie z. B. „schwarz – weiß". Denken Sie sich kurze Geschichten aus, in denen die Wörter vorkommen. Bestimmen Sie auf dem Schulhof ein Spielfeld, z. B. das Basketballfeld, oder zeichnen Sie eines mit Straßenkreide auf. Es muss eine Mittellinie vorhanden sein. Die Schüler finden sich zu Paaren zusammen.

Durchführung

Die Spielerpaare setzen sich auf der Mittellinie des Spielfeldes Rücken an Rücken, sodass die eine Hälfte der Schüler in die eine Richtung schaut, die andere in die entgegengesetzte. Eine Seite wird als „weiß" gekennzeichnet, die andere Seite als „schwarz". Erzählen Sie nun Ihre Geschichte. Kommt in dieser das Wort „schwarz" vor, beginnt die Jagd: Die Schüler auf der Schwarz-Seite werden zu Jägern. Sie versuchen, die weglaufenden „Weißen" abzuschlagen, bevor diese das Ende des Spielfeldes erreichen. Die gefangenen „Weißen" scheiden aus. Alle anderen setzen sich wieder an die Mittellinie und die Geschichte geht weiter, bis das nächste Mal eine Farbe fällt. Das Spiel endet, wenn nur noch ein Jäger übrig ist oder die Geschichte endet. Dann kann eine weitere mit einem neuen Gegensatzpaar folgen.

Variation

Man kann nach jeder Jagd neue Begriffe (etwa „hell – dunkel", „leicht – schwer" usw.) einführen, das macht die Sache schwieriger.

Kompetenzbereich: Reflexion über Sprache

Ziel: Inhalte der aktuellen Unterrichtsreihe wiederholen

Material: DIN-A4-Blätter mit den Buchstaben des Alphabets, ggf. Straßenkreide, Karten mit Begriffen zum aktuellen Unterrichtsthema, Handy mit Stoppuhr

Aufwand: mittel

Schwierigkeitsstufe: mittel

Vorbereitung

Bereiten Sie Karten mit Begriffen zum aktuellen Unterrichtsthema vor. Schreiben Sie auf je ein DIN-A4-Blatt jeweils einen Buchstaben des Alphabets. Verteilen Sie diese mit einigem Abstand auf dem gesamten Schulhof. Sie können stattdessen die Buchstaben auch mit Kreide in ein Feld auf den Hof schreiben. Die Schüler bilden zwei Gruppen.

Durchführung

Eine Gruppe beginnt, aus dieser wird ein Startspieler ausgelost, die restlichen Spieler stellen sich in einer Reihe auf. Starten Sie die Stoppuhr. Zeigen Sie dem Startschüler den ersten Begriff auf einer Karte. Der Schüler läuft von Buchstabe zu Buchstabe über den Hof und erklärt so seiner Gruppe das Wort. Diese versuchen so schnell wie möglich, das Wort zu erkennen, und rufen die Lösung. Ist diese richtig, bekommt die Gruppe einen Punkt. Der nächste Spieler in der Reihe läuft zu Ihnen und bekommt den nächsten Begriff gezeigt. Nach drei Minuten wird die Zeit gestoppt und die andere Gruppe ist an der Reihe. Nach mehreren Runden hat die Gruppe mit den meisten Punkten gewonnen.

Tipp

Bestimmen Sie aus der Gruppe, die gerade nicht dran ist, einen Zeitwächter.

Kompetenzbereich: Schreiben

Ziele: Wortschatzarbeit, Fremdwörter üben

Material: DIN-A4-Blätter mit Buchstaben, vier lange Fäden/ Wollknäuel

Aufwand: mittel

Schwierigkeitsstufe: mittel

Vorbereitung

Bereiten Sie DIN-A4-Blätter vor, auf denen je ein Buchstabe steht, und verteilen Sie sie mit einigem Abstand auf dem Schulhof.
Teilen Sie die Klasse in vier Gruppen ein.
Wählen Sie Fremdwörter aus dem Lexikon aus, die höchstens so lang sind, wie die Gruppen Mitglieder haben.

Durchführung

Geben Sie jeder Gruppe ein Wollknäuel. Nennen Sie dann das erste Fremdwort. Jede Gruppe muss nun dieses Wort mithilfe der Buchstabenblätter auf dem Boden und dem Faden bilden: Lautet das Wort z. B. „Textur", so stellt sich der Erste aus der Gruppe zum Blatt mit dem Buchstaben T und hält das Ende des Fadens fest. Der Zweite nimmt den Faden, wickelt ihn ab und läuft damit zum nächsten Buchstaben, dem E, der Dritte zum X usw. Jede Gruppe, die am Schluss das richtige „Netz" gewebt hat, bekommt einen Punkt; die Gruppe, die am schnellsten war, erhält einen Sonderpunkt. Am Schluss gewinnt die Gruppe mit den meisten Punkten.

Variation

Das Spiel kann auch mit Fachbegriffen statt Fremdwörtern gespielt werden.

Zehner-Quiz

Kompetenzbereich: Sprechen und Zuhören

Ziele: Inhalte der aktuellen Unterrichtsreihe wiederholen und vertiefen

Material: Straßenkreide, Karteikarten mit „Strafaufgaben"

Aufwand: gering

Schwierigkeitsstufe: leicht

Vorbereitung

Zeichnen Sie auf dem Schulhof eine Treppe mit zehn Stufen auf, auf jeder Stufe sollten zwei Schüler Platz haben.
Bereiten Sie Quizfragen zur aktuellen Unterrichtsreihe vor sowie Karteikarten mit „Strafaufgaben", z. B. „drei Runden um den Schulhof laufen", „drei Klimmzüge an der Turnstange machen", „einen Mitschüler huckepack über den Hof tragen" usw. Mischen Sie diese und legen Sie sie in einen Karton. Teilen Sie die Klasse in zwei Gruppen ein, jede stellt sich in einer Reihe auf.

Durchführung

Jeweils ein Schüler aus jeder Gruppe stellt sich auf die erste Stufe der Treppe. Stellen Sie den beiden eine Frage. Wer sie als Erster beantworten kann, darf eine Stufe weiter nach oben gehen. Der Erste in der Reihe der unterlegenen Gruppe zieht nun eine Karte aus dem Karton und führt die Übung aus. Schafft er das, geschieht nichts, schafft er die Übung nicht, muss der Spieler eine Stufe der Treppe hinuntergehen. Können beide Spieler die Frage nicht beantworten, dürfen alle anderen Spieler antworten. Liegt jemand richtig, tauscht er den Platz mit dem Spieler auf der Treppe und rückt eine Stufe hinauf. Die Gruppe, deren Spieler als erster auf der obersten Stufe ankommt, erhält einen Punkt. Gewonnen hat die Gruppe, die am Schluss die meisten Punkte hat.

Emma Achtfelsen:
55 5-Minuten-Spiele für den Deutschunterricht.
Motivierende Ideen für zwischendurch.
Verlag an der Ruhr, 2016.
ISBN 978-3-8346-3054-4

Andreas Krenner:
Die große Spielesammlung für Schule und Jugendarbeit.
300 Ideen für große und kleine Gruppen.
Verlag an der Ruhr, 2014.
ISBN 978-3-8346-2634-9

Andreas Krenner:
Die große Spielesammlung für draußen.
155 Ideen für Schule und Jugendarbeit.
Verlag an der Ruhr, 2016.
ISBN 978-3-8346-3056-8

Nina Wilkening:
Die große DaZ-Spielesammlung.
Ideen zur Sprachförderung für die Sekundarstufe I.
Verlag an der Ruhr, 2015.
ISBN 978-3-8346-2757-5

Das Universal-Lesetagebuch für alle Lektüren.
Kopiervorlagen zur Texterschließung im Deutschunterricht.
Verlag an der Ruhr, 2013.
ISBN 978-3-8346-2333-1